Neuschwanstein Linderhof

Thomas Rettstatt

Karten Legende auf den Umschlag klappen

Wanderführer

Impressum

© 2011 KOMPASSKarten, A6063 Rum/Innsbruck (11.01)

1. Auflage 2011   Verlagsnummer 5427   ISBN 978-3-85026-375-7

Text und Fotos: Thomas Rettstatt
Titelbild: Schloss Neuschwanstein (Edward Drews © www.picturedesk.com)
Bild S.4/5: Die „Allgäuer Seenplatte" (Weißen-, Hopfen- und Forggensee).

Grafische Herstellung: wtBuchTeam, Garching a.d.Alz
Wanderkartenausschnitte: © KOMPASS Karten GmbH

Alle Angaben und Routenbeschreibungen wurden nach bestem Wissen gemäß unserer derzeitigen Informationslage gemacht. Die Wanderungen wurden sehr sorgfältig ausgewählt und beschrieben, Schwierigkeiten werden im Text kurz angegeben. Es können jedoch Änderungen an Wegen und im aktuellen Naturzustand eintreten. Wanderer und alle Kartenbenützer müssen darauf achten, dass aufgrund ständiger Veränderungen die Wegzustände bezüglich Begehbarkeit sich nicht mit den Angaben in der Karte decken müssen. Bei der großen Fülle des bearbeiteten Materials sind daher vereinzelte Fehler und Unstimmigkeiten nicht vermeidbar. Die Verwendung dieses Führers erfolgt ausschließlich auf eigenes Risiko und auf eigene Gefahr, somit eigenverantwortlich. Eine Haftung für etwaige Unfälle oder Schäden jeder Art wird daher nicht übernommen. Für Berichtigungen und Verbesserungsvorschläge ist die Redaktion stets dankbar. Korrekturhinweise bitte an folgende Anschrift:

Walter Theil, Irmengardstr. 9, D84518 Garching a.d.Alz
Tel.: 0049/(0)8634/689803, Fax: 0049/(0)8634/689804
info@wtbuchteam.de, www.wtbuchteam.de

KOMPASSKarten GmbH, Kaplanstraße 2, A6063 Rum/Innsbruck
Tel.: 0043/(0)512/2655610, Fax: 0043/(0)512/2655618
kompass@kompass.at, www.kompass.at

Thomas Rettstatt

Was ist für Sie das Besondere an dieser Gegend?

Es sind zuerst die Märchenschlösser Neuschwanstein und Linderhof in einer traumhaften Kulisse. Sie sind ein Tourismusmagnet par excellence. Aber etwas abseits finden wir im Naturschutzgebiet der Ammergauer Alpen eine großartige, noch unberührte, oft einsame Berglandschaft mit wunderbaren Tourenmöglichkeiten. Im südlichen Ostallgäu laden viele Seen im Sommer nach einer Wanderung zum Baden ein. Das Einzigartige dieser Landschaft ist aber die unnachahmliche Verbindung von kulturellen Sehenswürdigkeiten ersten Ranges mit einer wilden und schönen Natur von hohem Erholungswert. Das Angebot an Unternehmungen ist riesig – Sie haben nun die Qual der Wahl.

Vorwort

Die in diesem Buch beschriebene Gegend ist eine sehr vielseitige Wanderregion. Wir haben einerseits die herrliche Voralpenlandschaft mit Wäldern, Seen und kleineren Erhebungen, die zahlreiche bequeme und familienfreundliche Wanderungen erlaubt. Auf der anderen Seite bietet die faszinierende Welt des Hochgebirges mit ihren aussichtsreichen Gipfeln und wilden Felslandschaften ein ganz besonderes Naturerlebnis. Wer mit offenen Augen durch die Landschaft geht, wird auch den Reichtum der einheimischen Flora und Fauna kennenlernen. Nicht vergessen werden darf die reiche kulturelle Vielfalt dieser Gegend; ganz besonders hervorzuheben sind die Königschlösser Neuschwanstein, Hohenschwangau und Linderhof. Wenn Sie in dieser schönen Landschaft zu Fuß unterwegs sind, vergessen Sie bitte nicht, wie empfindlich die Natur ist, d.h., bleiben Sie auf den Wegen, werfen Sie keinen Abfall weg etc.

Ganz besonders danken möchte der Autor seiner Frau, die ihn auf allen Erkundungen begleitet sowie viele Anregungen beigesteuert hat. Dank gebührt auch Herrn W. Theil mit dem wtBuchTeam und dem KOMPASS Verlag, die alle erst dieses Buch ermöglicht haben. Ferner sollen zahlreiche Freunde nicht unerwähnt bleiben, die quasi als Testpersonen für diesen Wanderführer dienten: Andrea und Sebastian mit Nicola, Christine und Karl, Sabine und Hubert, Fred und Elfi sowie Trudl, Gabi, Heidi und Cornelia. Zum Schluss möchte ich allen Lesern viel Spaß beim Wandern wünschen und Sie bitten, bei Veränderungen dem Verlag davon Kenntnis zu geben, denn niemand ist perfekt.

Thomas Rettstatt

Seen, Berge und Märchenschlösser

Neuschwanstein, Linderhof | Inhalt

Inhalt

	Seite	Schwierigkeitsgrad	Gehzeit (in Stunden)
Das Gebiet	8		
Fauna und Flora	9		
Wichtige Orte und Sehenswürdigkeiten	10		
Tipps und Hinweise	13		
Unsere schönsten Touren	14		
Ammergauer Alpen			
1 Der Hochschergen	16	●	3:45
2 Der Steckenberg	20	●	2:45
3 Pürschling und Teufelstättkopf	24	●	5:30
4 Königssteig und Kofel	28	●	3:30
5 An den Nordhängen des Sonnenbergs	32	●	4
6 Hennenkopf und Dreisäuler Kopf	36	●	6:30
7 Die Scheinbergspitze	42	●	5
8 Die Umrundung des Hasentals	46	●	5:45
9 Die Krähe	50	●	5:30
10 Der Hochrieskopf	54	●	4:30
11 Buchenberg, Loben- und Halblechtal	58	●	2:45
12 Pechkopf-Umrundung	62	●	3:15
13 Rund um Kenzenkopf und Geiselstein	66	●	4
14 Tegelberg und Marienbrücke	70	●	4:45
15 Rundtour um Alp- und Schwansee	74	●	2:30
Ostallgäu			
16 Die Ruinen von Hohen-Freyberg und Eisenberg	80	●	2:45
17 Lechfall und Alatsee	84	●	2:30
18 Zirmgrat und Weißensee	88	●	3:45
19 Am Gipfel des Falkensteins	92	●	2:45
Index	96		

Idyllische Voralpenlandschaft bei Steingaden mit Blick auf den Hohen Trauchberg und die Ammergauer Alpen.

Länge (in Kilometern)	Höhenmeter Aufstieg	Höhenmeter Abstieg	Parkplatz	öffentliche Verkehrsmittel	Aufstiegshilfe	Abstiegshilfe	Einkehr	Übernachtung unterwegs	Gipfel	Schwindelfreiheit erforderlich	Kinderwagentauglich	Kinderfreundlich	Fahrradtauglich	kulturelle Highlights	Bademöglichkeit	mit Panoramablick	Rundtour
10	566	566	○	–	–	–	○	–	●	–	–	–	–	–	–	●	–
8	505	505	●	○	–	–	○	–	●	–	–	●	–	–	–	○	●
10	875	875	●	○	–	–	●	●	●	–	–	●	–	–	–	●	●
7	505	505	●	○	–	–	●	–	●	–	–	●	–	–	–	●	●
8	324	720	●	○	●	–	●	–	○	●	–	●	–	–	–	○	●
15	825	825	●	●	–	–	●	●	●	–	–	–	–	●	–	●	●
5	856	856	●	–	–	–	–	–	●	–	–	–	–	–	–	●	–
12	794	794	●	–	–	–	●	–	–	–	–	–	–	–	–	–	○
13,5	933	933	●	–	–	–	–	○	●	–	–	–	–	–	–	●	–
10	626	626	●	○	–	–	○	–	●	–	–	–	–	–	–	●	●
10,5	22	364	●	●	●	–	●	–	–	–	●	–	–	–	–	–	–
9,75	640	640	●	–	–	–	●	–	–	–	–	–	–	–	–	–	–
6	505	651	●	○	●	●	●	●	–	–	–	–	–	–	–	–	–
9,5	887	887	●	●	–	–	●	●	●	–	–	–	–	–	–	●	●
8,5	76	76	●	●	–	–	●	–	–	–	–	●	–	●	●	●	●
8	243	243	●	–	–	–	○	–	○	–	–	●	–	○	–	●	●
9,5	75	75	●	●	–	–	●	●	–	–	–	–	–	○	●	–	●
8,5	506	506	●	●	–	–	●	●	●	–	–	–	–	–	–	●	●
4,25	421	421	○	●	–	–	●	●	–	–	–	–	–	○	–	●	●

● Schwierigkeitsgrad   ● Ja   ○ Bedingt   – Nein

Das Gebiet

In diesem Führer beschreiben wir die Landschaft zwischen Pfaffenwinkel im Norden, Wertach im Westen, der österreichischen Grenze im Süden und der Ammer im Osten. Das Kerngebiet umfasst das Naturschutzgebiet der nördlichen Ammergauer Alpen, das südöstliche Allgäu und einen Teil des Voralpenlandes. Dies ist die Heimat der weltbekannten bayerischen Königsschlösser Hohenschwangau, Neuschwanstein und Linderhof.

Die gebirgige Landschaft öffnet sich langsam nach Norden hin mit sanften Moränenhügeln. In Richtung der Berge finden wir zahlreiche Seen wie Forggen-, Hopfen-, Weißen-, Bannwald-, Alp-, Schwan- oder Alatsee. Den Süden bilden die Ammergauer Alpen, die zunächst im waldreichen Trauchberg (max. 1634 m) beginnen und bis zu richtige Hochgebirge über 2000 m ansteigen (Hochplatte 2082 m). Drei große Flüsse durchqueren die Landschaft, die Wertach, der Lech mit seinen vielen Staustufen und die Ammer, die in vielen Teilen naturbelassen ist. Neben den Landschaftsschutzgebieten gibt es auch einige kleine Naturschutzgebiete sowie das große Areal der Ammergauer Alpen. Charakteristisch sind ebenso zahlreiche Moore und Wälder. Eine wichtige Einnahmequelle stellen Landwirtschaft und Fremdenverkehr dar, Industrie gibt es meist nur in größeren Orten.

Geologisch gesehen haben wir es im Norden vor allem mit einer Moränenlandschaft zu tun, die von Molasse, Schotter und Mooren

Die alpine Seite des Pfaffenwinkels – der Teufelstättkopf.

Die Besteigung des Kofels verlangt Erfahrung.

durchsetzt ist. Im Hohen Trauberg finden wir eine Flyschzone, während die Ammergauer Berge zu den nördlichen Kalkalpen gehören.

Fauna und Flora
Die Natur in unserem Gebiet ist äußerst vielfältig. Wälder, Wiesen, Moore, Weiher, Flusstäler, Seen, Hügel und Berge wechseln in rascher Folge, so dass sich genügend Platz für verschiedene ökologische Nischen bietet. Das hervorragendste Merkmal ist das Vorhandensein zahlreicher Feuchtgebiete und Gewässer, die eine ganz eigene, seltene und bedrohte Tier und Pflanzenwelt beherbergen. Zum Teil sind diese Biotope auch Naturschutz- oder Landschaftsschutzgebiete. In unberührten Flusstälern oder Bächen finden seltene Pflanzen wie Türkenbund oder Tiere wie die Wasseramsel Rückzugsgebiete. Auch sonst kann man mit Glück seltene Vögel wie Wanderfalke, Adler oder Milan beobachten. In den Bergen sieht der Betrachter oft zahlreiche Murmeltiere und Gemsen. An seltenen Pflanzen sollen noch Frauenschuh, Knabenkraut, Edelweiß und Enzian nicht unerwähnt bleiben. An Schlangen finden Sie vor allem die ungiftige Ringelnatter; vor der seltenen, aber giftigen Kreuzotter sollten Sie eine gewisse Vorsicht an den Tag legen.

Ein weiteres Merkmal dieser Gegend sind die ausgedehnten Wälder, wo viele Rehe und Hirsche, gelegentlich auch ein Fuchs oder Dachs zu sehen sind. Die noch häufigen Fichtenmonokulturen werden bei heutigen Aufforstungen von standortgerechten Mischkulturen ersetzt. Manche Wälder haben aber einen moorigen Boden mit eigener Flora. Der Wald im Gebirge reicht bis etwa 1500 m, am oberen Ende meist Lärchen, dann kommt die Latschenzone. Der genaue Beobachter kann auch in diesen Wäldern die Auswirkungen des Baumsterbens beobachten.

Wichtige Orte und Sehenswürdigkeiten

Füssen
Der Ort war bereits in vorrömischer Zeit besiedelt, das erste Kloster entstand um 750. Die Pfarrkirche St. Mang, ursprünglich romanisch, wurde als Barockbau 1717 vollendet. Die qualitätvollen Fresken und Stuckarbeiten weisen venezianischen Einfluss auf. Eine Rarität sind die frühromanische Krypta (9. Jh.) sowie Freskenreste aus dem 11. Jh. Die Spitalkirche von 1748/9 zeigt im Inneren eine interessante Rokokoausstattung. Das Hohe Schloss wurde 1496–1505 als Sommerresidenz der Augsburger Fürstbischöfe erbaut. Einige schöne Balkendecken mit ausgezeichneten Schnitzarbeiten und Stukkaturen sind hier zu bewundern.

Hohenschwangau
Das Schloss wurde 1833–37 nach Entwürfen von D. Quaglio als Sommerresidenz für Kronprinz Maximilian als romantische Burg errichtet. Das Innere beherrschen Fresken mit Themen aus deutschen Sagen und der Geschichte nach Entwürfen von Moritz von Schwind.

Lechbruck
Die Pfarrkirche Mariae Heimsuchung stammt bereits aus dem frühen Klassizismus (1786–90). Der lichtdurchflutete Innenraum zeichnet sich durch seine Harmonie und schönen Fresken aus. Die Altäre stammen hingegen aus dem Spätbarock.

Linderhof
Das Schloss in einem wilden, unberührten Alpental wurde von Ludwig II. von 1874–1878 erbaut. Der Besucher durchquert zunächst den 50 ha großen, prächtig ange-

Schloss Hohenschwangau auf einem Fels zwischen Alp- und Schwansee.

Ein königlicher Traum: Schloss Neuschwanstein.

legten Garten. Hier findet man einen 30 m hohen Springbrunnen, den maurischen Kiosk und die Venusgrotte, welche die Blaue Grotte Capris mit Motiven des Venusberges verbindet. Das Schloss selbst ist trotz Stilentlehnungen aus Barock und Rokoko mit seiner prächtigen, überreichen, malerischen, phantastischen und romantischen Einrichtung ganz ein Werk seiner Zeit, wie es sich der König vorstellte.

Neuschwanstein

Das wohl berühmteste Schloss wurde in herrlicher Alpenlage ab 1868 auf Befehl Ludwigs II. in Anlehnung an die Wartburg erbaut, aber erst nach seinem Tod vollendet; es war eine Flucht in eine andere Welt. Der Sängersaal und der Thronsaal ist in den romanischen Stil der Wartburg-Zeit zurückversetzt. Aber gerade das Märchenhafte an diesem Bau zieht große Besuchermengen an.

Oberammergau

Es ist vor allem durch seine nur alle 10 Jahre aufgrund eines Pestgelübdes von 1633 stattfindenden Passionsspiele bekannt; der Ort besitzt auch zahlreiche, schön bemalte Häuser (sogenannte Lüftlmalerei). Die Pfarrkirche St. Peter und Paul (1736–62) ist ein Rokokomeisterwerk von J. Schmuzer. Die Fresken im Inneren von M. Günther sind besonders gut gelungen.

Pfronten

Die Kirche St. Nikolaus ist ein spätbarockes Werk vom Ende des 17. Jahrhunderts, während die reichhaltigen Fresken im Inneren erst 1779/80 ausgeführt wurden. Auf dem nahen Falkenstein finden wir eine mittelalterliche Burgruine, die Ludwig II. wiederaufbauen wollte. Doch der frühe Tod des Königs verhinderte die Umsetzung der fertigen Pläne in die Tat.

Schlichte Schönheit prägt das Äußere der romanischen Kirche von Steingaden.

Seeg
Die Kirche St. Ulrich ist ein Barockbau, deren reiche Stukkatur und farbenprächtige Fresken jedoch bereits aus dem Rokoko stammen (1760–80).

Steingaden
Die Klosterkirche St. Johann Baptist ist ein bedeutendes romanisches Bauwerk von 1176, jedoch wurde das Innere um 1750 mit prachtvollen Fresken und Stuck umgestaltet. Dennoch wirkt der Gegensatz zwischen Romanik und Rokoko nicht störend. Aus der Zeit davor sind noch sehenswert: das geschnitzte Chorgestühl aus der Renaissance (1534), der romanische Westflügel des Kreuzganges (13. Jh.) mit gotischem Netzgewölbe (15. Jh.) und die Brunnenkapelle mit spätgotischen Fresken.

Unterammergau
Wie in Oberammergau gibt es auch hier viele schön bemalte Häuser. Die Pfarrkirche St. Nikolaus von 1710 besitzt eine wundervolle, einheitliche Ausstattung: Deckenbilder, Stuck, Hochaltar und die Emporenbilder des Lüftlmalers F. Zwinck.

Beeindruckend ist die monumentale Barockfassade von Kloster Ettal.

Tipps und Hinweise

Anfahrt
Es wurde kurz die Erreichbarkeit des Ausgangspunktes beschrieben; dabei leistet eine Straßenkarte zur Übersicht gute Dienste. In einigen Fällen ist auch eine Anreise mit Bus oder Bahn möglich, was dann extra vermerkt wurde; manchmal ist hierbei jedoch eine zusätzliche Gehzeit nötig.

Ausrüstung
Feste Schuhe mit Profilsohle, eine spezielle Wanderhose, ein Regenschutz, Verbandsmaterial, ausreichend Proviant und Getränke sowie bei Bergtouren ein Wind- und Kälteschutz sollten immer mitgeführt werden. Verstellbare Wanderstöcke, ein Fernglas und ein Fotoapparat leisten meist gute Dienste.

Einkehrmöglichkeiten
Bei jeder Wanderung wurden Gasthäusern oder Hütten unterwegs der am Ausgangsort – sofern vorhanden – angeführt. Öffnungszeiten wurden bewusst nicht angegeben, da sie oft einem sehr raschen Wechsel unterworfen sind. Hier können Ihnen die lokalen Fremdenverkehrsämter vor Ort weiterhelfen.

Jahreszeit
Einige Touren sind auch im Frühling oder Spätherbst möglich. Wanderungen in den Vorbergen sind oft von Mai bis Oktober zu machen, richtige Bergtouren sicher nur im Hochsommer (Mitte Juni bis Mitte September). Da aber Höhen bis 2000 m erreicht werden, muss auch im Sommer mit Altschnee oder nach Wetterstürzen mit Neuschnee gerechnet werden. Informieren Sie sich deshalb vorher über die Verhältnisse!

Natur und Umweltschutz
Unsere Wanderregion hat viele Naturschönheiten zu bieten. Helfen Sie daher mit, diese zu erhalten, indem Sie keine Tiere stören, keine Pflanzen pflücken, auf den Wegen bleiben und Ihren Abfall wieder mitnehmen. Denken Sie im Sommer auch an die Waldbrandgefahr (kein Feuer machen, keine Zigaretten wegwerfen!). Beachten Sie vor allem in den Naturschutzgebieten, die zugänglich sind, die entsprechenden Ge- und Verbote; es drohen zudem hohe Strafen. Respektieren Sie auch Betretungsverbote.

Hinweise zum Besuch der Königsschlösser

Hohenschwangau und Neuschwanstein: Von Norden am besten über die A 7 (alternativ über B 16 oder B 17) bis Füssen, dann zum Parkplatz in Hohenschwangau.

• Ein Besuch der Schlösser Hohenschwangau und Neuschwanstein lässt sich gut mit den Touren 10, 11, 12, 13, 14, 15 und 17 verbinden. Einen besonders schönen Blick auf die Schlösser bieten die Wanderungen 12, 14 und 15.

Linderhof: Von Ettal auf der B 23 kurz Richtung Oberammergau, dann auf der Landesstraße ins Graswangtal zum Schloss.

• Schloss Linderhof kann gut mit den Wandertouren 6, 7, 8 und 9 kombiniert werden.

Unsere schönsten Touren

Legende

- 🪧 Kilometerangabe
- ⬍ Höhenmeter (Auf und Abstieg)
- 🕐 Gehzeit
- 😊 Für Kinder geeignet
- 🏠 Einkehrmöglichkeit
- 🚠 Bergbahn/Gondel
- 🚡 Sessellift
- ℹ️ Wichtige Information
- ⭐ KOMPASS Highlight

Kartenlegende auf den Umschlagklappen

Es ist nicht ganz einfach, unter den zahlreichen schönen Touren, ein paar einzelne hervorzuheben.

Malerisch steht das kleine Märchenschloss Linderhof in einer grandiosen Bergwelt, durch die unser aussichtsreicher Höhenweg führt (Nr. 6).

Ein weiterer Höhepunkt ist die Umrundung des Geiselsteins, der wegen seiner Form als Matterhorn der Ammergauer Alpen bezeichnet wird (Nr. 13).

Die wilde Pöllatschlucht mit Tiefblicken von der Marienbrücke, die einzigartige Kulisse von Neuschwanstein die herrliche Aussicht vom Gipfel sind unvergessliche Erlebnisse bei der Besteigung des Tegelberges (Nr. 14).

Nicht zu vergessen ist die Tour zum tosenden Lechfall und dem klaren Wasser des Alatsees (Nr. 16).

Schwierigkeitsbewertung

Blau
Diese Wege sind meist ausreichend markiert und ohne größere Orientierungsprobleme, von ausreichender Breite sowie nur mäßig steil; somit sind sie auch bei schlechtem Wetter relativ gefahrlos zu begehen. Sie erfordern nicht allzuviel Kondition, sind also meist für Kinder und ältere Leute geeignet.

Rot
Die Wege sind in der Regel ordentlich markiert, aber zum Teil bereits schmal und steil; auch etwas Orientierungssinn kann erforderlich sein. Kürze Abschnitte sind möglicherweise schon etwas ausgesetzt; sie sollten daher nur von trittsicheren Bergwanderern begangen werden..

Schwarz
Die Wege sind zwar vielfach markiert, aber oft steil und schmal, Orientierungssinn ist dennoch ratsam. Sie können auch öfters ausgesetzt sein und die Zuhilfenahme der Hände erfordern. Diese Touren sollten nur von trittsicheren und schwindelfreien Bergwanderern mit genügend Erfahrung und Kondition unternommen werden.

1. Der Hochschergen, 1396 m
Eine wenig bekannte, aber sehr lohnende Tour

Ausgangspunkt: Von der B 23 (Peiting–Oberau) biegen wir in Saulgrub rechts Richtung Altenau und dort erneut rechts nach Unternogg ab. Wir überqueren die Ammer und haben nach einem Sattel bei der Abzweigung unseres Weges (links) einige Parkmöglichkeiten rechts an der Straße; weitere Plätze gibt es 500 m weiter beim Forsthaus | **Charakter:** Der erste Teil der Tour verläuft auf einer unmarkierten, geschotterten Forststraße, der zweite auf einem markierten, aber teilweise steilen Bergpfad; etwas Orientierungssinn ist auf jeden Fall nötig | **Einkehr:** Keine; nur Forsthaus Unternogg beim Parkplatz | **Karte:** KOMPASS Nr. 6

 Mittel  10 km  566 hm / 566 hm  3:45 Std.

Die wenig begangene Wanderung führt zum nordöstlichsten Gipfel des Ammergebirges und bietet eine schöne Aussicht auf die Voralpenlandschaft, auf das Hörnle, den Hohen Trauchberg und die Ammergauer Alpen. Im Frühsommer können wir unterwegs den roten Fingerhut entdecken; aber Vorsicht ist geboten, denn die Pflanzen enthält das starke Gift Digitalis. Eine einsame Tour mit viel Landschaft zur Entspannung.

Vom Parkplatz bei **Unternogg** (ca. 830 m) nehmen wir die Forststraße mit Fahrverbot in südwestlicher Richtung. Ohne Markierung führt sie eben in den schattigen Wald. Dort setzt eine sanfte Steigung ein. Nach etwa 1,5 km beschreibt unser geschotterter Fahrweg eine Linkskehre. Wir erreichen anschließend eine unbeschilderte Gabelung und nehmen den linken Ast, der jetzt nach Südosten weiter sanft im Wald ansteigt. Unterwegs sehen wir nun im Frühsommer häufig den giftigen Fingerhut blühen. Nach etwa einer Stunde haben wir das **Ende des Fahrwegs** erreicht (1030 m).

Ab hier folgen wir rechts einem roten Punkt als Markierung (außerdem Tafel „Schergenkopf"). Der Pfad steigt sehr steil im schattigen Wald bergan; bei der Überquerung eines Forstweges müssen wir allerdings auf die Markierung achten. Anschließend lässt die Steigung nach und der Weg führt mehr in Kehren den Hang hinauf. Unterwegs müssen wir dabei noch zweimal ein Forststräßchen queren. Erst kurz vor dem En-

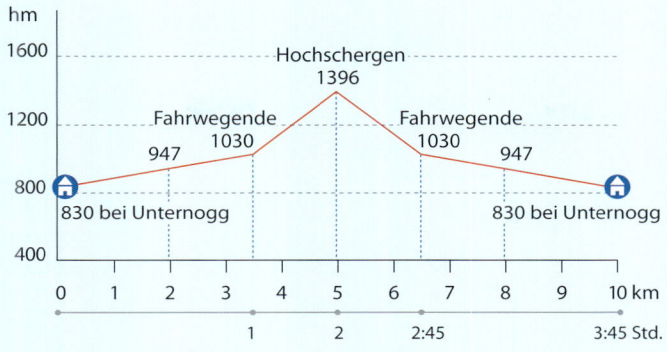

de des Anstieges verlassen wir den Wald und stehen nach einer weiteren Stunde auf dem Gipfel des **Hochschergens** (1396 m).

Obwohl einige Bäume die Sicht einschränken, haben wir einen schönen Panoramablick von den Voralpen im Norden, das Hörnle im Osten und das Ammergebirge im Süden bis zur Hohen Bleick im Westen.

Der Rückweg bergab erfolgt auf demselben Weg wie der Anstieg. Nach 45 Minuten erreichen wir wieder unsere Forststraße und nach einer weiteren Stunde den Parkplatz bei **Unternogg**.

Der Gipfel des Hochschergens eignet sich hervorragend für eine Brotzeit.

Neuschwanstein, Linderhof | 1. Der Hochschergen

2. Der Steckenberg, 1385 m

Ein Weg für Individualisten auf einen kaum besuchten Berg

Ausgangspunkt: In Unterammergau an der B 23 (Bahnstation und Bushaltestelle) fahren wir in den Ort und an der Schleifmühlenlaine entlang zum Parkplatz für den Pürschling (gebührenpflichtig!) | **Charakter:** Der Weg ist zum Teil schwach oder gar nicht markiert – also ein bisschen was für Pfadfinder. Der Aufstieg ist manchmal steil und schmutzig. Die Durchquerung der Klamm verlangt Trittsicherheit, sonst bestehen keine besonderen Schwierigkeiten | **Einkehr:** Unterwegs keine; nur Gasthöfe in Unterammergau | **Karte:** KOMPASS Nr. 6

 Mittel  8 km  505 hm / 505 hm 2:45 Std.

Die Tour führt größtenteils durch eine einsame Waldgegend, so dass wir oft alleine Natur pur genießen können. Besonders schön sind die Aussicht vom Steckenbergkreuz und die Passage in der wildromantischen Schleifmühlenklamm.

Vom **Parkplatz** (880 m) nehmen wir den Forstweg, der im Wald Richtung Pürschling kräftig bergauf führt, bis nach etwa 15 Min. links ein schmaler, schwach markierter Pfad (alte Holztafel) zum Steckenberg abzweigt. An einem bewaldeten Hang geht es z. T. kräftig bergauf. Nach weiteren 10 Min. nehmen wir den Pfad links eben und dann bergauf zu einer Bank mit schöner Aussicht. Anschließend müssen wir uns erneut links halten, um zunächst mäßig, danach aber steil aufwärts zu einer Forststraße zu steigen, der wir rechts steil bis zum Ende folgen. Dann führt der Weg links fast eben, jedoch stellenweise sehr schmutzig durch den Wald, um später erneut in lichtem Gehölz sehr steil zum Gipfel des **Steckenbergkreuzes** anzusteigen (ca. 1220 m). Hier haben wir eine herrliche Aussicht Richtung Pürschling und Hörnle. Wir folgen einem kaum sichtbaren Pfad ohne Markierung stets an einem Zaun bzw. am Kamm nach Süden steil und aussichtsreich bergauf. Nach einer Forststraße geht es bei weniger Steigung und mehr Wald weiter wie bisher in zum höchsten Punkt am **Steckenberg** (1385 m; kein Kreuz), der nur wenig Ausblicke bietet. Auf demselben Weg steigen wir wieder zur oben erwähnten Forststraße hinab. Ihr folgen wir zunächst steil hinab, dann gehen

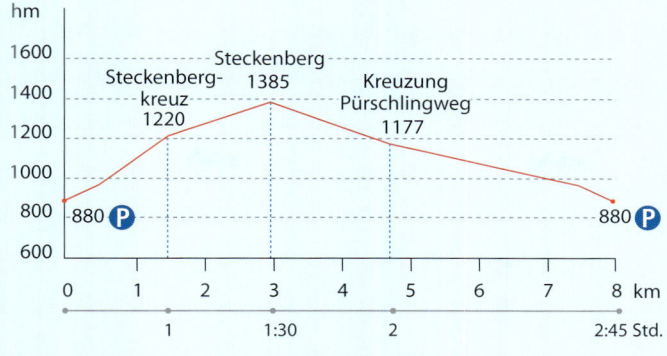

wir mit weniger Gefälle in einem großen Rechtsbogen ohne viel Sicht ein Tal aus, bis wir auf den **Anstiegsweg zum Pürschling** treffen (1177 m). Rechts wandern wir auf der geschotterten Forststraße mit einem kurzen Gegenanstieg talwärts – der Fußweg nach rechts am Bach entlang ist oft wegen Muren gesperrt. An der nächsten Einmündung (vom Teufelsstättkopf) geradeaus erreichen wir nach etwa 30 Minuten die Abzweigung zur **Schleifmühlenklamm**. Teilweise steil bergab, aber auch eben führt der schmale Steig mit Sicherungen (Seile und. Geländer) durch die wildromantische Klamm mit Wasserfällen, Strudeltöpfen und Stromschnellen.

Achtung, der Weg ist oft feucht und rutschig! Trittsicherheit sollte daher in diesem Abschnitt unbedingt vorhanden sein. Nach dem Ende der Klamm sind es links auf der Forststraße nur noch wenige Meter bis zum Parkplatz.

Blick von Steckenberg auf das Hörnle.

Neuschwanstein, Linderhof | 2. Der Steckenberg

3. Pürschling, 1566 und Teufelstättkopf, 1758 m

Herrliche Aussicht vom Gipfel nach einer kurzen Klettereinlage

Ausgangspunkt: In Unterammergau an der B 23 (Bahnstation u. Bushaltestelle) fahren wir in den Ort und an der Schleifmühlenlaine entlang zum Parkplatz für den Pürschling (gebührenpflichtig!) | **Charakter:** Der Aufstieg ist gut markiert und problemlos; nur die letzten Meter zum Gipfel in einer steilen Rinne sind seilgesichert und erfordern den Einsatz der Hände. Der Abstieg verläuft auf einem schmalen, kaum oder gar nicht markierten Weg, der am Anfang etwas ausgesetzt ist; Trittsicherheit, Schwindelfreiheit und Orientierungssinn sind hier erforderlich | **Einkehr:** Pürschlinghäuser | **Karte:** KOMPASS Nr. 6

 Schwer    10 km    875 hm / 875 hm    5:30 Std.

Der Aufstieg ist häufig begangen, aber landschaftlich sehr schön und aussichtsreich, der Abstieg ist hingegen einsam, ebenfalls mit viel Sicht und mit wilden Felsszenerien. Ein besonders eindrucksvolles Panorama bietet sich vom Gipfel des Teufelstättkopfes.

Vom Parkplatz (880 m) nehmen wir den Forstweg („Pürschling"), der oberhalb der **Schleifmühlenklamm** im bewaldeten Tal stetig ansteigt. Abzweigungen werden dabei ignoriert. Nach circa einer Stunde erreichen wir die **Einmündung** des Abstiegsweges (1150 m), gehen hier aber geradeaus weiter; ebenso verfahren wir an allen weiteren Gabelungen. Nach einem kurzen Gefälle steigt der Fahrweg wieder kräftig an und wir passieren etwa 45 Minuten später die Einmündung vom Kolbenlift (ca. 1340 m). Weiterhin steil bergauf führt unser geschotterter, teilweise auch betonierter Fahrweg hinauf Richtung Pürschling. Mit dem Verlassen des Waldes sehen wir bereits unser Gipfelziel und erreichen an einem Sattel den Kamm. Wir folgen unserem Weg nach rechts und sollten bald den kurzen Abstecher nach links zum Gipfel des **Pürschlings** (1566 m) unternehmen, um die schöne Aussicht zu genießen. Nach wenigen Minuten kommen wir dann zu den bereits sichtbaren (am Hauptweg links), bewirtschafteten **Pürschlinghäusern** (1564 m), die eindrucksvolle Tiefblicke nach Linder-

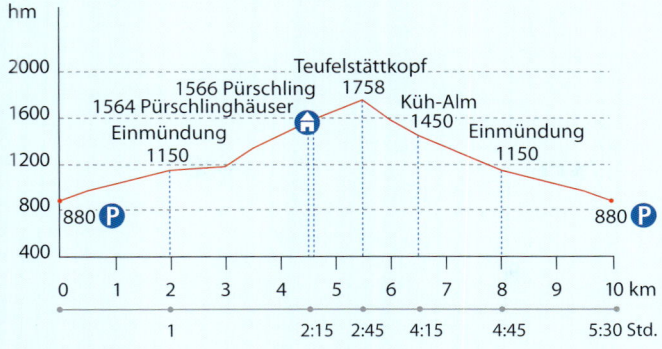

hof bieten. Wir gehen nun geradeaus auf einem steilen Weg einen Grashang hinauf (immer Richtung Teufelstättkopf), dann am Kamm auf einem steinigen Pfad. Ab jetzt ist Trittsicherheit angesagt. Schöne Blicke zur Klammspitze und zum Sonnenberggrat sowie wilde Felsszenerien entlohnen dafür. Zum Gipfel des **Teufelstättkopfs** (1758 m) geht es in einer Rinne kurz steil bergauf. Für diesen seilgesicherten Abschnitt brauchen wir unsere Hände. Dafür werden wir mit einer phantastischen Fernsicht belohnt. Nach diesem „alpinen" Intermezzo wieder am „Normalweg", steigen wir kurz rechts in eine Rinne hinab und dann links bergauf zu einem schmalen Grat. Diesem folgen wir in nördlicher Richtung mit wunderbaren Tiefblicken auf einem schmalen, kaum markierten Pfad zum Teil steil bergab. Diese Passage ist teilweise etwas ausgesetzt (Schwindelfreiheit und Trittsicherheit sind erforderlich!). Vom Ende des Grates (= Auf dem Stein; 1579 m) führt der Steig über eine Wiese und dann durch einen Wald mit üppiger Vegetation talwärts. Anschließend geht es über eine zweite Wiese steil bergab zur **Küh-Alm** (ca. 1450 m), wo wir auf eine Forststraße treffen. Auf ihr wandern wir rechts – zunächst mit freien Blicken zum Sonnenberggrat – im Wald kräftig hinab, bis wir den Anstiegsweg erreichen. Wir folgen ihm nach links ins Tal und zurück zum Parkplatz.

Teufelstättkopf.

Neuschwanstein, Linderhof | 3. Pürschling und Teufelstättkopf

4. Königssteig und Kofel, 1342 m
Ein Aussichtsgipfel mit alpinem Flair

Ausgangspunkt: In Oberammergau (an der B 23) fahren wir aus Richtung Ettal am Ortsanfang Richtung Friedhof, wo wir parken (Bushaltestelle im Ort; Bahnhof ca. 1,5 km im Norden)
Charakter: Der Gipfelanstieg ist seilgesichert und verlangt Trittsicherheit und Schwindelfreiheit, ansonsten sind die gut markierten, aber z. T. steilen Wege ohne größere Schwierigkeiten machbar | **Einkehr:** Gasthof Kolbenalm, sonst nur Gasthäuser in Oberammergau | **Karte:** KOMPASS Nr. 5

 Schwer   7 km    505 hm 505 hm    3:30 Std.

Viel dichter und schattiger Wald sowie ein schöner, gemütlicher Höhenweg charakterisieren diese Tour. Vom Gipfel des Kofels, der erfahrenen Wanderern vorbehalten bleibt, ergeben sich eindrucksvolle Blicke auf die umliegenden Berge und das Ammertal.

Vom Parkplatz (837 m) in **Oberammergau** beim Friedhof nahe der Brücke der Umgehungsstraße folgen wir der Tafel „Kofel" und dann links auf dem Panoramaweg derselben Beschilderung meist im Wald mit einigen schönen Blicken auf die abweisenden Felswände des Kofels. Nach 10 Min. beginnt rechts der Anstieg zu unserem Ziel. Zunächst auf Pfadspuren über eine Wiese gelangen wir in einen Wald, wo ein serpentinenreicher Aufstieg mit mittlerer Steigung einsetzt. Etwa auf halber Strecke queren wir ein großes Schuttfeld, um nach 50 Min. Anstieg den **Kofelsattel** (1215 m) zu erreichen. Nun gehen wir rechts im Wald bergauf zu einem schrofigen Felshang und dann steiler und mit Hilfe von Drahtseilen durch eine Rinne zu einer Art Sattel. Anschließend steigen wir nochmals mit Hilfe von Sicherungen in gut 15 Min. zum **Kofel** hinauf (1342 m). Schwindelfreiheit und Trittsicherheit sind auf diesem Abschnitt unbedingt erforderlich. Obwohl der Gipfel relativ geräumig ist, bricht er überall steil ab. Die Sicht ins Tal nach Oberammergau und auf die umliegenden Berge ist einfach grandios.

Vorsichtig steigen wir auf demselben Weg wieder zum Kofelsattel hinab. Nun folgen wir rechts im schattigen Wald ziemlich eben und bequem einem Höhenweg, dem **Königssteig**. Später lichtet sich der Wald, die Landschaft wird alpiner und die Aussicht besser. Unterwegs werden mehrere felsi-

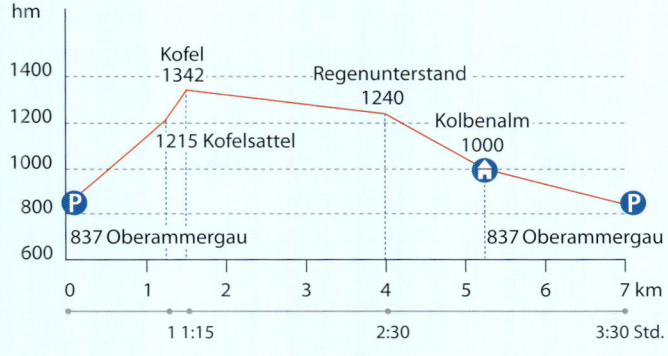

ge Tobel gequert. Nach einem letzten Anstieg führt der Weg nochmals durch einen Tobel bergab zu einer Kreuzung mit einem **Regenunterstand** (1240 m). Dort biegen wir rechts ab und steigen im Wald steil und in Kehren hinab. An einem Ziehweg halten wir uns erneut rechts, um auf einem steinigen Weg die **Kolbenalm** (1000 m) zu erreichen. Auf einer Fahrstraße (zuletzt geteert) geht es weiter mit starkem Gefälle talwärts, bis rechts der Grottenweg abzweigt. Meist in schattigem Wald, dann sanft bergauf und wieder bergab wandern wir gemütlich unter der steilen Felswand des Kofels zurück zum Parkplatz beim Friedhof (hier kurz links).

Der Kofel gilt als Hausberg Oberammergaus.

Neuschwanstein, Linderhof | 4. Königssteig und Kofel

5. An den Nordhängen des Sonnenbergs, 1622 m

Ein beeindruckender Höhenweg durch eine bizarre Felslandschaft

Ausgangspunkt: Von der B 23 aus nördlicher Richtung kommend, fahren wir am Ortsanfang von Oberammergau (hier auch Bushaltestelle und Bahnhof) rechts zum Parkplatz an der Talstation des Sesselliftes zum Kolbensattel. Der Lift ist von Mitte Mai bis Mitte Oktober von 9 Uhr bis 16.45 Uhr in Betrieb **Charakter:** Ordentlich markierte Wege, die teilweise steil und steinig sind, kennzeichnen diese Tour. Der Pfad am Sonnenberggrat ist schmal und z.T. seilgesichert; er verlangt Trittsicherheit und Schwindelfreiheit | **Einkehr:** Kolbensattelhütte und Gasthof Kolbenalm | **Karte:** KOMPASS Nr. 6

 Schwer    8 km    324 hm 720 hm   4 Std.

Im unteren Teil des Weges haben wir viel schattigen Wald, ansonsten bietet diese Wanderung eine wunderbare Aussicht auf das Voralpenland und bizarre Felsformationen am Sonnenberggrat, die an Karl-May-Filme erinnern.

Vom Parkplatz (880 m) fahren wir mit dem Sessellift hinauf zur Bergstation am Gasthaus **Kolbensattelhütte** (1276 m). Nun halten wir uns rechts Richtung Pürschling und gehen nach einem Viehgatter erneut rechts ein kurzes Stück über eine Skiabfahrt. Dann nehmen wir nochmals rechts den Panoramaweg, der ganz sanft im Wald aufwärts führt und später mit mehr Aussicht auf Peißenberg und Sonnenberggrat aufwartet. An einer **Gabelung** (ca. 1340 m) folgen wir links dem breiten Forstweg steil bergauf Richtung Pürschling. 15 Min. später zeigt links ein Weg zur Sonnenspitze, der sehr ausgesetzt, schmal und brüchig ist und anscheinend nicht mehr unterhalten wird (von seiner Benutzung wird daher unbedingt abgeraten!). Wir gehen deshalb weiter geradeaus bergauf zu einem **Sattel** vor den Pürschlinghäusern (ca. 1500 m). Hier zweigt links unser schmaler, markierter Pfad ab, der sehr aussichtsreich meist an der Nordseite des Grates in leichtem Bergauf und Bergab entlang führt. Einige Scharten erlauben auch interessante Blicke nach Süden in die Ammergauer Alpen. An einigen ausgesetzten oder steileren Stellen sind Seilsicherungen ange-

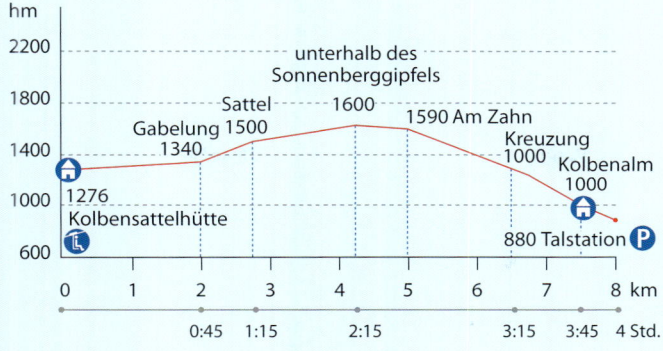

bracht; der Weg empfiehlt sich nur für Trittsichere und Schwindelfreie. Nach etwa einer Stunde sind wir knapp unter dem Gipfel des **Sonnenbergs** (ca. 1600 m) angelangt, dessen Besteigung allerdings Geübten vorbehalten ist.

Dann geht es ein Stück am Kamm entlang, bevor nahe **Am Zahn**, bei ca. 1590 m, der steile, kehrenreiche Abstieg beginnt. Nach 30 Min. mündet der oben erwähnte, nicht mehr unterhaltene Weg ein; wir gehen aber geradeaus weiter wie bisher und haben schöne Tiefblicke auf Oberammergau. Im Wald erreichen wir nach einem weiterhin starken Gefälle eine Kreuzung (ca. 1240 m). Hier halten wir uns rechts (Tafel „Oberammergau über Kolbenalm") und gleich wieder links, um im Wald steil und in Kehren bergab zu steigen. Schließlich folgen wir einem steinigen Ziehweg rechts hinab zur **Kolbenalm** (1000 m). Die Fortsetzung bildet eine steile Schotterstraße, die wir an einer Kreuzung mit Hinweistafel nach links verlassen, um auf einem Fußweg zur **Talstation** des Sessellifts mit dem Parkplatz zu gelangen.

Am Einstieg des Sonnenberggrats sieht man die Pürschlinghäuser.

Neuschwanstein, Linderhof | 5. An den Nordhängen des Sonnenbergs

Unterammergau
836
Roterbichl
Grünbichel
1030
Enge Laine
Rehbreingr.
Rehbreinkopf
1416
Rehbreiteng
Romanshöhe
Kircheck
1243
Groß
1542
Geschwandkopf
1480
Biotop "Altes Bad"
NSG Pulvermoos
Berggasthaus Romanshöhe
Bergengraben
Frühlbach
Markgraben
Laingraben
Altherrenweg
Kainzengraben
Wellenerlebnisbad
Passionstheater
Schnitz-schule
Große Laine
Kasten
Oberammergau
873
Wankalm
Maximilian
Knableiten
Kolben-Sesselbahn
Parkhotel Sonnenhof
Kreuzigungs-gruppe
Jhtt.
Sankt Gregor
Laber-Bergbahn
Kolbenbach
Kolbenalm
Hot. Am Kofel
905
Labergraben
Rheumazentrum
23
Sportz.
Grottenbergweg
Königssteig
1342
Kofel
Döttenbichl
877
Bärenhöhle
Schaffelberg
1434
1686
Schartenkopf
Hinterer-Rappenkopf
1389
1408
1529
Brunnberg
Vorderer-
Deutsche Alpenstraße
1636
837
Lichtenstätt
Falkenwand
Kleine Ammer
Dickenwald
Dickenwald-weg
Sonnenweg
Rahm
854
Kleine Ammerquelle
NSG
Vogelherdweg
1046
Graswang
866
845
Ammer
Weidmoos
Rottenbruch
Ettaler Mühle
841
Kloster Ettal
Dickelschwaig
Große Ammerquelle
Mühlwald
854
Zieglerhof
Ettal
877
Projekt
852
958
Großkargraben
Notwald
897
1342
Kotalpe
Sesselgraben
1719
Ziegelspitz
1515
Ochsensitz
1889
Notkar
1699
Notkarspitze

6. Hennenkopf, 1768 und Dreisäuler Kopf, 1629 m

Am aussichtsreichen Klammspitzgrat in einer wilden Landschaft

Ausgangspunkt: Von Oberammergau an der B 23 fahren wir durch das Graswangtal bis Schloss Linderhof, wo wir am gebührenpfl. Großparkplatz (auch Bushaltestelle) das Auto abstellen | **Charakter:** Es handelt sich um eine lange Tour auf gut markierten Wegen, die zum Teil schmal und steil sind; der Höhenweg hat auch einige leicht ausgesetzte Stellen; Kondition, Trittsicherheit und Schwindelfreiheit sind somit erforderlich. **Einkehr:** Brunnenkopfhütte (unterwegs), sowie die Schlosswirtschaft bei Schloss Linderhof | **Karte:** KOMPASS Nr. 5

| Mittel | 15 km | 825 hm / 825 hm | 6:30 Std. |

Diese Tour bietet im unteren Teil einen schönen, schattigen Wald, im oberen aber eine wilde Berglandschaft mit einer grandiosen Aussicht auf die Ammergauer Alpen. Unbedingt sollten Sie auch Schloss Linderhof besuchen.

Vom Parkplatz beim **Schloss Linderhof** (943 m) halten wir uns links (westlich) zu einem Bach, wo wir der Markierung zum Brunnenkopf folgen. Die Forststraße führt steil bergauf und quert einen Bach mittels einer Furt. Sie setzt sich dann als Ziehweg im Wald steil und steinig fort. Nach circa einer Stunde wird der Blick zum Brunnenkopf und der Scheinbergspitze frei. Wie bisher geht es weiter bergauf, teils im Wald, teils mit freiem Blick bis zum Kamm. Mit guter Sicht und mäßiger Steigung erreichen wir die **Brunnenkopfhäuser** mit der **Brunnenkopfhütte** (1602 m) und einem phantastischen Ausblick. Nun wandern wir am Kamm wieder ein Stück auf dem Anstiegsweg zurück, bis links der schmale Steig zum Pürschling abzweigt, der im Wald zunächst steil aufwärts führt. Er ist nur für trittsichere und schwindelfreie Wanderer geeignet. Wir passieren im weiteren Verlauf die Südflanke des **Dreisäuler Kopfes** knapp unterhalb des Gipfels. Unser Weg verläuft stets auf der Südseite des Klammspitzgrates in leichtem Bergauf und Bergab sowie ebenen Passagen unterhalb der Kammlinie entlang, wobei sich Wald mit Wie-

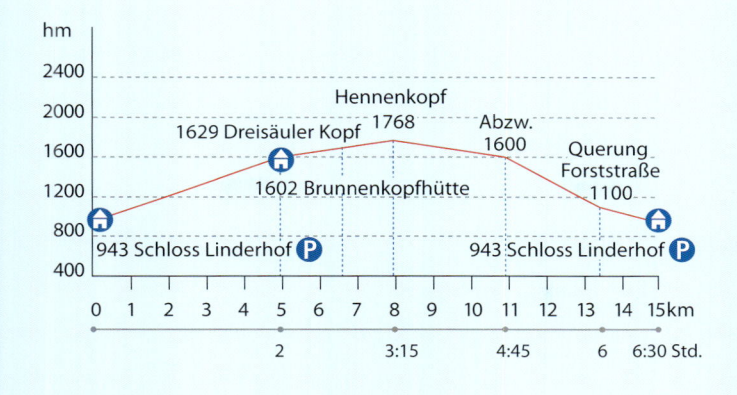

```
hm
2400
2000                  Hennenkopf
      1629 Dreisäuler Kopf  1768   Abzw.
1600                              1600
                                        Querung
                                        Forststraße
1200        1602 Brunnenkopfhütte        1100
 800
      943 Schloss Linderhof 🅿            943 Schloss Linderhof 🅿
 400
      0  1  2  3  4  5  6  7  8  9  10 11 12 13 14 15km
               2          3:15      4:45    6  6:30 Std.
```

senhängen abwechselt, die eine hervorragende Fernsicht bieten. So erreichen wir schließlich die Abzweigung zum Hennenkopf. Wir folgen nun links dem unschwierigen Steig hinauf zum Gipfel des **Hennenkopfes** (1768 m). Von hier oben haben wir einen einzigartigen Rundblick über die Ammergauer Alpen und das Alpenvorland. Wir gehen jetzt wieder auf unserem Anstiegsweg zurück zur oben erwähnten **Abzweigung** am Höhenweg. Auf ihm wandern wir links weiter wie bisher. Die freien Hänge und das Felsgelände fallen sehr steil ab; deshalb ist hier besondere Vorsicht geboten! Nach

Die Brunnenkopfhäuser in der Ferne – Aussicht vom Klammspitzgrat.

Neuschwanstein, Linderhof | 6. Hennenkopf und Dreisäuler Kopf

Bergerlebnis pur am Südhang des Hennenkopfes.

etwa 1:30 Stunden ab Gipfel biegt links der Weg zum Pürschling ab, während wir rechts im Wald auf einem steilen, steinigen und schmalen Weg talwärts steigen. Der Weg befindet sich noch immer in keinem guten Zustand: Rutschungen in vielen Tobeln und quer liegende Bäume. Etwa 75 Minuten nach der Abzweigung gehen wir an einer

⭐ KOMPASS HIGHLIGHT

Kloster Ettal: Monumentaler Ausdruck der Baukunst des Rokoko
Bereits im 14. Jh. wurde die erste Kirche errichtet. Bedeutende Umbauten erfolgten ab 1710 durch Enrico Zucalli und nach einem Brand 1744–52 durch Josef Schmuzer. Endgültig fertig wurde der Bau erst 1907. Neben der eindrucksvollen Barockfassade beeindruckt vor allem die gewaltige Kuppel von 25 m Durchmesser und fast 60 m Höhe mit ihrem wunderbaren Fresko von Josef Zeiller, das den Himmel mit den Heiligen der Benediktiner darstellt. Von den alten Bestandteilen sind vor allem das gotische Portal (um 1350) und das Ettaler Gnadenbild aus Carrara-Marmor im Hochaltar – eine Arbeit aus Pisa von 1329 – erwähnenswert. Im einzigartigen Innenraum stammen die hochwertigen Stuckarbeiten von Franz Schmuzer und Josef Übelherr; das Fresko im Chor hingegen ist ein Kunstwerk von Martin Knoller. Der beeindruckende Hochaltar ist das Werk von Ignaz Günther und Josef Lindner (1772–80). Die Seitenaltäre und die Kanzel sind Meisterwerke von Johann Straub (1757–62). Größer könnte der Kontrast zu Schloss Linderhof nicht sein.

⭐ KOMPASS HIGHLIGHT

Schloss Linderhof – ein touristisches Muss in den Ammergauer Alpen?
Wie auch immer Sie zu Linderhof stehen (romantisches Kleinod oder kitschiger Kunstbau), der touristische Ansturm spricht eine deutliche Sprache. Interessant ist ein Besuch auf jeden Fall. Sie können gut die Atmosphäre in diesem sonst naturbelassenen Gebirgstal der Ammergauer Alpen nachvollziehen, die auch schon den König so fasziniert hat. Nachdem bereits sein Vater hier ein hölzernes Jagdhaus errichtet hatte, ließ Ludwig II. durch Georg Dollmann nach längerer Planungsphase von 1874–78 das Schloss errichten. Die Innenausstattung stammte von Franz Seitz, 1884 kam noch das Schlafzimmer durch Julius Hofmann hinzu. Das geplante Theater wurde nicht mehr ausgeführt. Trotz Entlehnungen aus dem Barock und Rokoko ist das Schloss ein romantischer, leicht überladener Bau aus dem 19. Jahrhundert. Technische Spielereien (wie ein versenkbarer Esstisch) vereinen sich gut mit prunkvoller Repräsentation und zahlreichen Kuriositäten. Der Garten mit 50 Hektar wurde von Karl Effner gestaltet. Im Vordergrund stehen zwei romantische Bauten: Der maurische Kiosk von der Pariser Weltausstellung 1867 und die Venusgrotte, die Motive von Wagners Venusberg mit der Blauen Grotte von Capri vereinigt. Ein Blickfang ist ferner das Wasserbecken mit dem 30 m hohen Springbrunnen. Das Märchenschloss vor den bewaldeten, unberührten Berggipfeln ist eines der beliebtesten Fotomotive.

Forststraße rechts und dann gleich wieder links auf einem Waldweg kräftig bergab. An einer zweiten Forststraße wiederholen wieder diesen Abbiegevorgang und wandern bequem am Zaun des Schlossparks entlang bergab zur Einmündung des Anstiegsweges. Dort halten wir uns links, um unseren Parkplatz zu erreichen.

Der Schmale Wanderweg am Klammspitzgrat.

Neuschwanstein, Linderhof | 6. Hennenkopf und Dreisäuler Kopf

41

7. Die Scheinbergspitze, 1926 m
Ein formschöner, meist stiller Aussichtsberg

Ausgangspunkt: Von der B 23 fahren wir zwischen Ettal und Oberammergau durch das Graswangtal an Schloss Linderhof vorbei Richtung Österreich. Etwa 1 km vor der Grenze bzw. 6 km nach Linderhof parken wir am letzten Parkplatz vor der Grenze bei der Einmündung einer Forststraße von rechts nach einer Bachbrücke | **Charakter:** Am Anfang ist die Bezeichnung schlecht, dann handelt es sich um eine problemlose Bergwanderung auf schmalen Steigen, nur der Schluss ist etwas steinig **Einkehr:** Keine | **Karte:** KOMPASS Nr. 5

Mittel　　5 km　　856 hm / 856 hm　　5 Std.

Die formschöne Felspyramide der Scheinbergspitze bietet ein wunderbares Rundumpanorama der wilden, naturbelassenen Ammergauer Alpen; zudem ist sie noch kein überlaufener Berg: also eine Genusstour für Individualisten.

Vom Parkplatz (ca. 1070 m) gehen wir zunächst auf der geschotterten Forststraße in ausgeglichener Steigung im Wald bergauf. Bei der zweiten Kehre biegen wir rechts in nördlicher Richtung ab und nehmen den markierten Pfad (Hinweistafel) zur Scheinbergspitze. Er führt am **Stockgraben** im Wald kräftig bergauf. Abzweigungen nach rechts zur Stocklahne und nach links zur Stock-Dienstühütte werden ignoriert. Dies gilt auch für weitere Verzweigungen von unserem markierten Weg. In einem schönen Hochwald geht es in vielen Kehren weiter stark bergan. Dabei wird eine Zone gequert, die durch einen Orkan vor vielen Jahren stark in Mitleidenschaft gezogen worden ist. Inzwischen sind die Aufforstungen weit fortgeschritten und der Weg wurde wieder ordentlich repariert.

Viele Lichtungen erlauben auch schöne Rückblicke. Nach knapp zwei Stunden verlassen wir den Wald und erhalten einen wunderbaren Blick nach Süden in die Ammergauer Alpen um die Kreuzspitze. Nun führt der Pfad durch ausgedehnte Latschenfelder steil am Südhang an einem Grat entlang bergauf, wobei es hier im Sommer sehr heiß werden kann. Nach einem etwas steinigen Schlussabschnitt ist der Gipfel der **Scheinbergspitze** (1926 m) erreicht. Jetzt genießen wir das weite Rund-

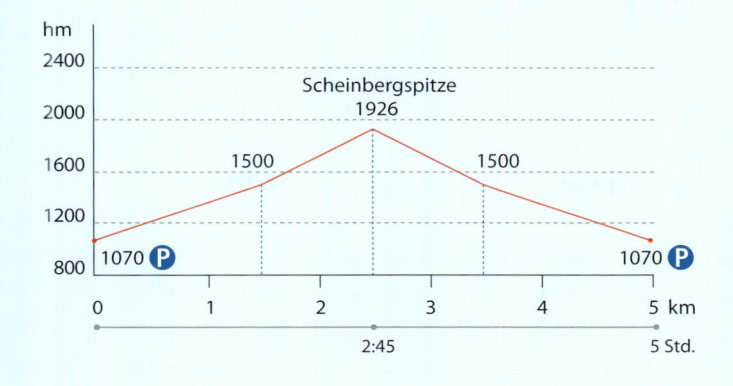

```
hm
2400
        Scheinbergspitze
2000         1926
1600    1500        1500
1200
 800  1070 Ⓟ              1070 Ⓟ
     0    1    2    3    4    5 km
                 2:45         5 Std.
```

umpanorama von der Hochplatte über die Kreuzspitze bis zur Zugspitze. Von einem Abstieg nach Norden durch das Latschendickicht und über brüchiges Gestein mit leichten Klettereinlagen ist dringend abzuraten. So steigen wir auf demselben Weg wie beim Anstieg wieder talwärts und bewundern dabei ausgiebig die schöne Aussicht nach Süden. Nach rund 5 Stunden erreichen wir so wieder den Parkplatz an unserem Ausgangspunkt.

Der pyramidenförmige Gipfel der Scheinbergspitze.

Neuschwanstein, Linderhof | 7. Die Scheinbergspitze

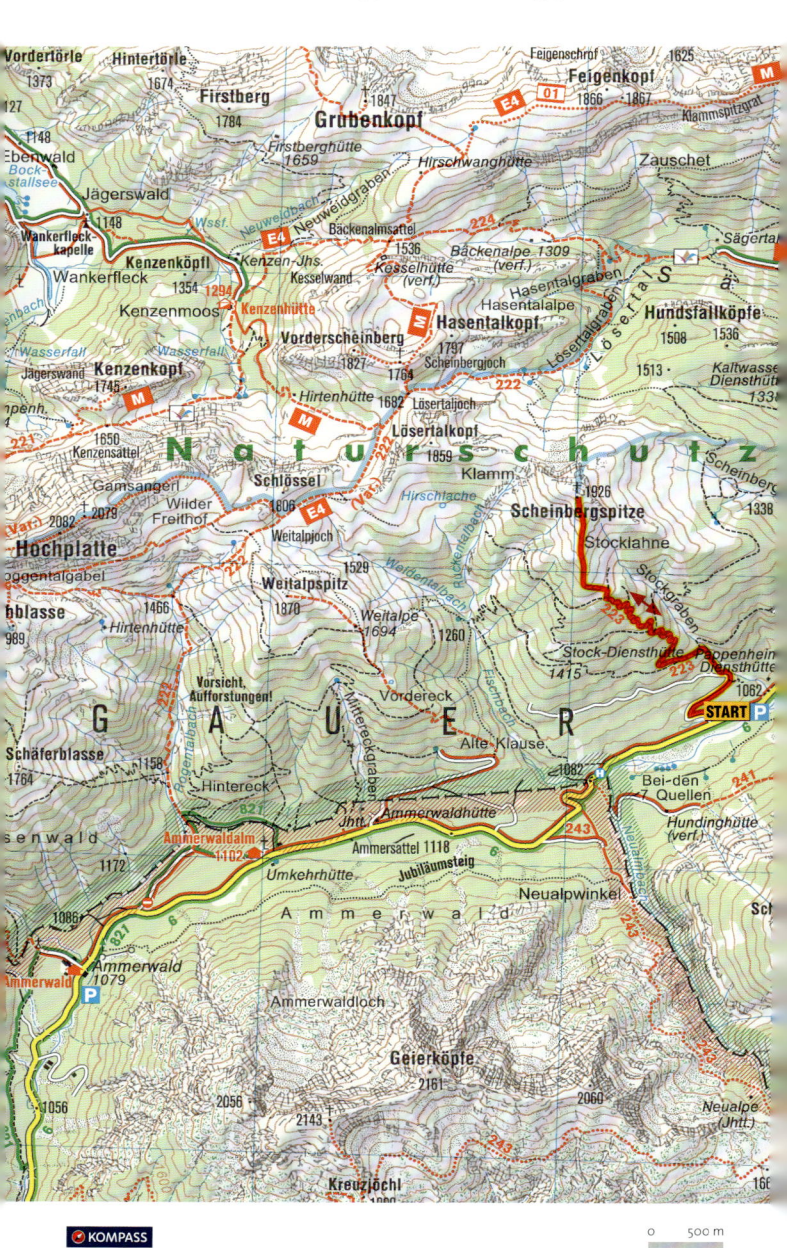

45

8. Die Umrundung des Hasentals

Die wilde Felslandschaft der Kesselwand mit ihrem malerischen See

Ausgangspunkt: Von der B 23 biegen wir zwischen Ettal und Oberammergau ab und fahren durch das Graswangtal nach Linderhof (der Bus endet hier). Nach dem Schloss fahren wir nun auf schmälerer Straße noch ca. 2 km, bis rechts ein Forstweg über die Linder abzweigt, wo sich ein großer Parkplatz befindet | **Charakter:** Die Wege sind meist ordentlich markiert, aber teilweise schmal und steinig; etwas Kondition und Trittsicherheit sollte daher bei dieser Wanderung vorhanden sein
Einkehr: Keine | **Karte:** KOMPASS Nr. 5

Mittel | 12 km | 794 hm / 794 hm | 5:45 Std.

Das Massiv des Vorderscheinbergs bietet eine wilde Felslandschaft mit einem abflusslosen Kessel, in dessen Mitte sich ein malerischer See befindet. In der einsamen Gegend findet man eine reiche Flora (wie Gelber Enzian) und Fauna (viele Gämsen).

Vom Parkplatz (970 m) überqueren wir die **Linder** auf einer Brücke und folgen der geschotterten Forststraße in sanftem Anstieg durch das waldreiche **Sägertal** bis zum Straßenende (ca. 1080 m). Zunächst auf einem Ziehweg, dann auf einen Steig setzen wir unseren Weg im waldreichen Tal bei größerer Steigung an einer Diensthütte vorbei fort. Die Abzweigung zum Lösertaljoch (links) ignorieren wir und steigen weiter geradeaus kräftig bergauf zur **Bäcken-Alm** (1309 m). Nun geht es über üppige Wiesen bei besserer Sicht mit einer starken Steigung bergauf bis zum **Bäckenalmsattel** (1536 m) mit einer reichhaltigen Flora, wo unter anderem Gelber Enzian, Türkenbund und Rittersporn blühen. Anschließend steigen wir links nach Süden in zwei lang gezogenen Schleifen in eine Scharte der **Kesselwand** und befinden uns am Rande des eindrucksvollen Felskessels, dessen Wände 50–250 m hoch ansteigen. Unter uns liegt malerisch ein kleiner See, der keinen Abfluss hat.

Wir steigen nun leicht bergab zum Nordrand des Kessels mit Blick in die senkrechten Felsabbrüche des Hasentalkopfes und folgen ihm in leichtem Bergauf und Bergab an seiner linken Hangseite. Wir ver-

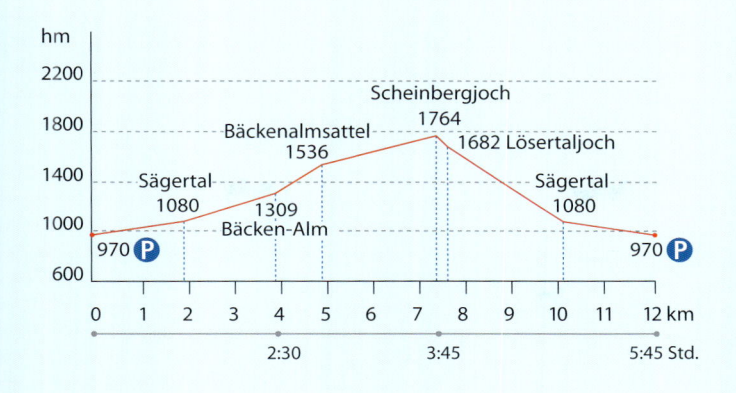

Elevation profile:
- hm axis: 600–2200
- Sägertal 1080
- 970 P (start)
- Bäcken-Alm 1309
- Bäckenalmsattel 1536
- Scheinbergjoch 1764
- Lösertaljoch 1682
- Sägertal 1080
- 970 P (end)
- Distance: 0–12 km
- Times: 2:30, 3:45, 5:45 Std.

lassen den Kessel wieder mit einem kurzen Anstieg zum **Scheinbergjoch** (1764 m).

Von dieser Einsattelung steigen wir kurz, aber steil weiter hinab ins **Lösertaljoch** (1682 m), wo wir eine gute Aussicht nach Westen zum Geiselstein haben. Dort biegen wir links ab (d. h. nach Osten) und wandern mit kräftigem Gefälle über Wiesenhänge hinab ins **Lösertal**. Dort wenden wir uns nach Norden und queren sanft bergab die waldreichen Hänge. Etwa auf halber Strecke wird dabei der stark eingeschnittene **Hasentalgraben** gequert. So erreichen wir schließlich die Einmündung des Anstiegsweges. Dort biegen wir nun rechts ab und gehen auf demselben Weg talwärts zum Parkplatz zurück.

Auf dem Weg zum Scheinbergjoch fällt der Blick auf die Hochplatte.

Neuschwanstein, Linderhof | 8. Die Umrundung des Hasentals

Lobberg
Kronwinkelmoos
Mardersteig-Diensthütte
Schwabenkopf
1346
Stellerleiten
Baumgartenköpfl
1489
Oberalphütte
Kleckelalpe
Rossstallschrofen
Diensthütte Hiebalm
Oberalpe
Hennenkopf
1768
Dreisäuler Kopf
1629
Kleine Klammspitze
1882
Brunnenkopf
1718
Diensthütte
Brunnenkopfhütte
1602
Große Klammspitze
1924
Dreisäuler Wald
Martinswand
Roßeck
1305
Dreisäulergraben
Schloss Linderhof
Linderhof
Sägertal-Diensthütte
Sulzeck
Martinsgraben
Lindergrieß
START
Rinneleeck
Hundsfällgraben
1080
Kirchenkopf
1209
Spitzgraben
Häusllahne
Bei den drei Brünnlein
G'hörigenköpfe
1298
Talsperre
Kuchelbergspitz
2020
Kollerskar
Gamsangerl
2023
Kuchelbergkopf
Hochgrieß
Hochgrießkar
Schwarzenköpfel
Kreuzkar
Schönwald
1620
Kuchelbach
Lehnegraben
Kaltwassergraben
A L P E N

9. Die Krähe, 2012 m
Das Hochgebirge von seiner schönsten Seite

Ausgangspunkt: Auf der B 23 fahren wir zwischen Ettal und Oberammergau durch das Graswangtal an Schloss Linderhof vorbei. Wir passieren die österreichische Staatsgrenze und stellen unser Auto ca. 4 km später auf dem Parkplatz beim Hotel Ammerwald ab | **Charakter:** Die Markierung ist gut, jedoch handelt es sich um schmale und teilweise steinige Pfade im Hochgebirge. Etwas Trittsicherheit und Kondition ist daher erforderlich **Einkehr:** Unterwegs keine | **Karte:** KOMPASS Nr. 5

Mittel · 13,5 km · 933 hm / 933 hm · 5:30 Std.

Der Weg führt durch die wilde, noch recht einsame Hochgebirgslandschaft des Naturschutzgebietes des Ammergauer Alpen und wird von einer phantastischen Aussicht vom Gipfel der Krähe gekrönt.

Vom Parkplatz (1079 m) folgen wir dem markierten Forstweg am linken Ufer eines Baches sanft bergauf zur Landesgrenze. Dort nehmen wir links den rotweißrot markierten Schützensteig Richtung Bleckenau. Mit mittlerer Steigung und einigen Kehren zieht der Weg einen Hang in lichtem Wald bergauf, um eine Schlucht zu umgehen. Gelegentlich bieten sich schöne Blicke auf die schroffen Berge. Dann führt der Weg hoch über dem Tal mit mittlerer Steigung in einem dichten Nadelwald weiter und quert einen Bach mit **Wasserfall**. Zunächst noch etwas im Wald bergauf, erreichen wir ein liebliches Hochtal. An der ersten Abzweigung gehen wir gerade weiter und gelangen fast eben zu einer Alm. Dabei haben wir schöne Blicke auf unser Gipfelziel und den Hohen Straußberg. An der Alm biegen wir rechts ab („Hochblasse") und folgen derselben Markierung bei mittlerer Steigung bergauf zur nächsten **Gabelung** (ca. 1500 m). Wir gehen erneut rechts und wandern nicht allzu steil über Almwiesen oder durch lichten Wald bergauf; nur das letzte Stück im Tal an einem Bach entlang ist steil. Nach dessen Überquerung steigen wir in Kehren wie zuerst an einem Hang hinauf in den Sattel der **Roggentalgabel** (ca. 1870 m) mit einem schönen Rückblick auf den Anstiegsweg und zur Krähe.

Wir nehmen nun links den Pfad mit ausgeglichener Steigung durch die steilen Grashänge zum **Fensterl**, einem aus dem Grat ge-

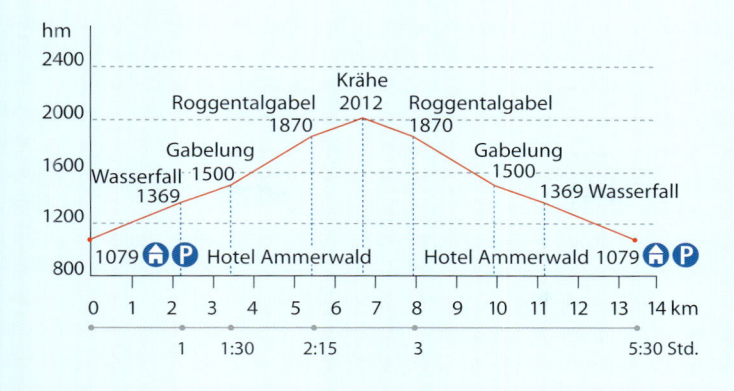

```
hm
2400
                    Krähe
2000    Roggentalgabel  2012   Roggentalgabel
               1870            1870
         Gabelung                  Gabelung
1600              1500                  1500
     Wasserfall                                  Wasserfall
1600            1369                   1369
1200
 800    1079 🏠 P  Hotel Ammerwald    Hotel Ammerwald  1079 🏠 P
        0   1   2   3   4   5   6   7   8   9   10  11  12  13  14 km
            1      1:30     2:15      3                  5:30 Std.
```

brochenen Felstor, durch das ein sehr steiler Steig ins Gumpenkar führt. Wir überschreiten hingegen den Grat nicht, sondern halten uns weiter an der Südseite (d. h. am Fensterl links), um auf dem schmalen Steig über einen Grashang die letzten 100 Höhenmeter aussichtsreich zur **Krähe** (2012 m) zu bewältigen. Von hier ist der Rundblick über die wilde Hochgebirgslandschaft der Ammergauer Alpen einfach überwältigend. Aber Vorsicht, die Nordwand des Gipfels bricht hier steil ab! Wir hingegen steigen wieder auf demselben Weg wie beim Anstieg hinab zu unserem Parkplatz.

Bergidylle beim Aufstieg an der Jägerhütte.

Neuschwanstein, Linderhof | 9. Die Krähe

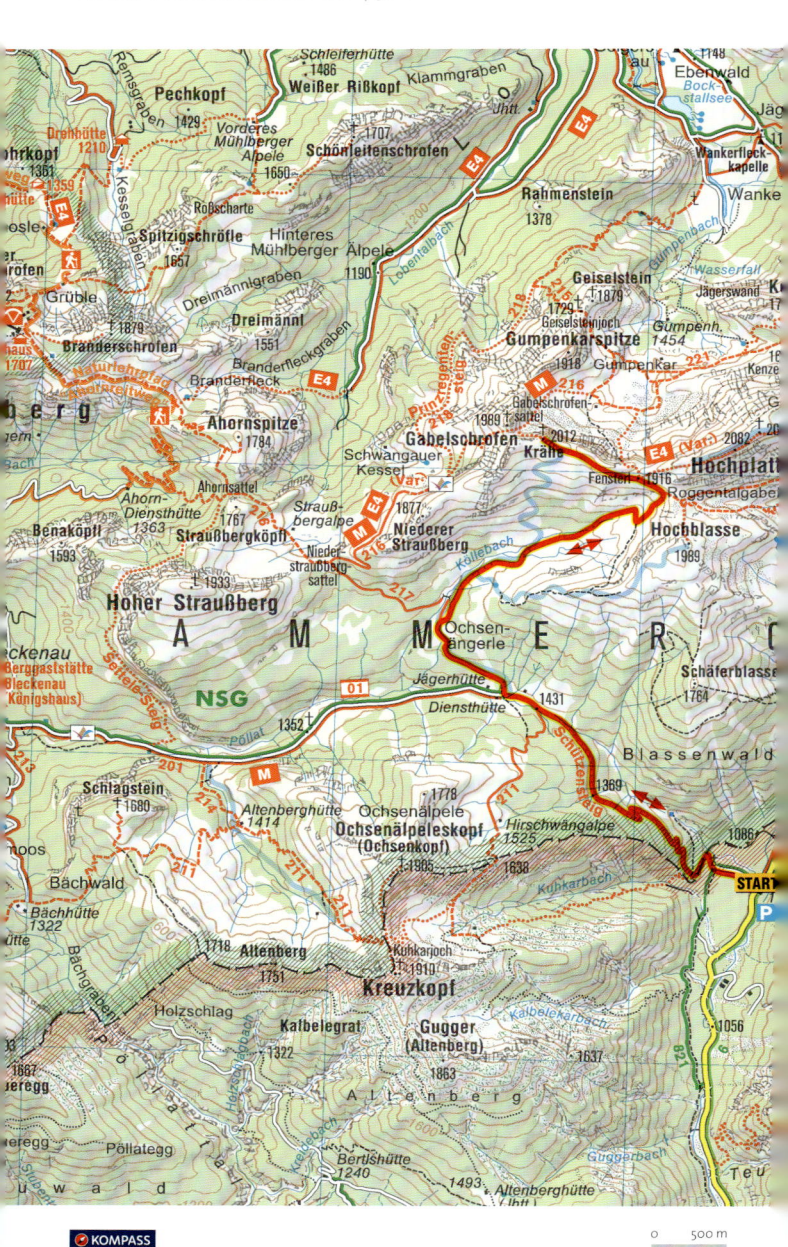

Firstberghütte
1659
Hirschwanghütte
Zauschet
Neuweidgraben
Neuweidbach
Wssf.
E4
Bäckenalmsattel
224
Sägertal-Diensthütte
E4 (Var.)
Kenzenköpfl
Kenzen-Jhs.
1536
Bäckenalpe 1309
(verf.)
Kesselhütte
(verf.)
Kesselwand
1354
1294
Kenzenhütte
Kenzenmoos
Hasentalgraben
Hasentalalpe
Hundsfallköpfe
M
Hasentalkopf
Vorderscheinberg
Wasserfall
1797
1508
1536
1827
Scheinbergjoch
Lösertalgraben
Lösertal
1764
222
1513
Kaltwasser-
Diensthütte
1338
Hirtenhütte
1682
Lösertaljoch
M
Lösertalkopf
1859
Klamm
Naturschutzge
Schlössel
Scheinberggraben
1926
Hirschlache
Wilder
Freithof
1806
E4
Scheinbergspitze
1338
Weitalpjoch
Stocklahne
Stockgraben
1529
Weidentalbach
Rückentalbach
Weitalpspitz
1466
1870
Weitalpe
1694
1260
Hirtenhütte
223
Talsperre
Stock-Diensthütte
Pappenheim-
Diensthütte
1415
223
1062
Neualm-
grieß
Vorsicht,
Aufforstungen!
Vordereck
Fischbach
P
Mittereckgraben
6
AUERA
Rogentalbach
Alte Klause
1082
1158
Bei den
7 Quellen
241
Hintereck
821
Ammerwaldhütte
Jhtt.
Hundinghütte
(verf.)
243
Ammerwaldalm
1102
Ammersattel 1118
6
Jubiläumsteig
Umkehrhütte
Hochgrießka
Neualmbach
Neualpwinkel
Schwarzenköpfel
1897
Ammerwald
243
821
6
Ammerwald
Ammerwaldloch
243
Geierköpfe
2161
2056
2060
Neualpe
(Jhtt.)
2143
243
1666
Kreuzjöchl
1900
243
Stellwand
Ellental
251
Zwerchenbergalpe

10. Der Hochrieskopf, 1470 m

Ein Weg für Individualisten am Hohen Trauchberg

Ausgangspunkt: Von der B 16 Marktoberdorf–Füssen folgen wir in Trauchgau (hier Bushaltestelle) den Schildern „Fremdenverkehrsamt" und fahren die Hauptstraße an der Kirche vorbei; an einer Linksbiegung sowie an der Abzweigung zur Almstube halten wir uns geradeaus und parken vor dem Fahrverbotsschild. **Charakter:** Einige Stellen sind bei Nässe etwas rutschig, auch ist die Markierung nicht immer vorbildlich, so dass etwas Orientierungssinn nützlich ist | **Einkehr:** keine; nur Gasthäuser in Trauchgau selbst | **Karte:** KOMPASS Nr. 4

| Mittel | 10 km | 626 hm / 626 hm | 4:30 Std. |

Diese Wanderung am Hohen Trauchberg ist noch sehr einsam. Der große Wald bietet bei Hitze viel Schatten. Leider ist die Aussicht vom Gipfel durch Zunahme des Bewuchses momentan etwas eingeschränkt. Der Zugang zum aussichtsreichen Wolfskopf ist aus Gründen des Naturschutzes nicht mehr möglich.

Vom **Parkplatz** (844 m) gehen wir auf unserer Teerstraße weiter nach Osten über einen Bach und steigen dann rechts über eine Weide kräftig bergan. Bei der Abzweigung am Ende der geteerten Strecke nehmen wir rechts den Trauchgauer Höhenweg weiter aufwärts mit Sicht zum Forggensee bis zu einer weiteren **Gabelung** (ca. 1020 m). Nun folgen wir links einem Forstweg mit lang gezogener Steigung im Wald. Etwa 1 Std. später gehen wir nicht rechts auf der neuen Forststraße weiter, sondern links (eine Tafel fehlte!) auf unserem bisherigen Weg, der kurz darauf in einen schmalen Pfad übergeht. Steil geht es jetzt bergauf im Wald bis zu einem **Sattel** (ca. 1420 m) mit etwas Aussicht. Hier treffen wir auf eine Forststraße und biegen rechts ab. Wir folgen ziemlich eben für einige Minuten und nehmen den ersten markierten Waldweg rechts. Schon nach wenigen Metern führt rechts ein Pfad kurz hinauf zum Gipfel des **Hochrieskopfes** (1470 m). Leider ist die schöne Aussicht auf den Pfaffenwinkel durch einige Bäume etwas eingeschränkt.

Wir gehen auf demselben Weg wieder zurück zu unserem oben erwähnten Sattel. Nun folgen wir – zunächst mit geringem Höhen-

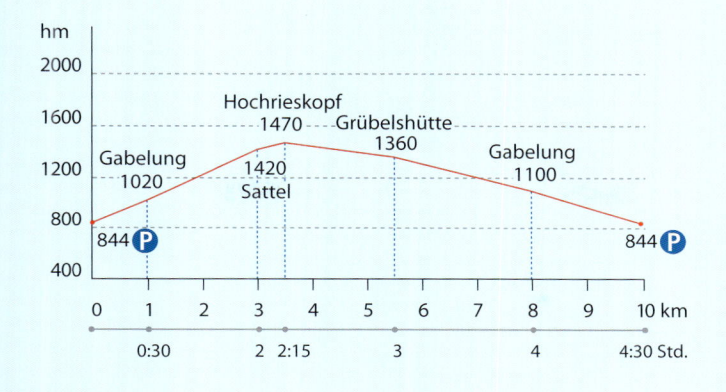

```
hm
2000
1600          Hochrieskopf
                 1470      Grübelshütte
1200  Gabelung    1420        1360      Gabelung
        1020      Sattel                  1100
 800
      844 P                                        844 P
 400
       0    1    2    3    4    5    6    7    8    9   10 km
              0:30      2  2:15         3           4    4:30 Std.
```

unterschied – unserer Forststraße weiter, die südlich unterhalb des Wolfskopfes verläuft, der aus Naturschutzgründen nicht mehr betreten werden darf. Zum Schluss geht es mit stärkerem Gefälle hinab zur **Grübelshütte** (ca. 1360 m).

Wir bleiben noch für 5 Minuten eben am bewaldeten Kamm, um dann links unsere Forststraße mit stetigem, aber nicht zu steilem Gefälle im Wald talwärts Richtung Trauchgau zu nehmen. Mit etwas Aussicht erreichen wir nach einer guten halben Stunde eine Gabelung, wo wir auf einer Forststraße links weiter abwärts gehen. An einer zweiten **Gabelung** (etwa 1100 m) halten wir uns ebenfalls links und wandern auf dem Sträßchen gemächlich abwärts. Jetzt ignorieren wir weitere Abzweigungen und erreichen zum Schluss fast eben in einer offenen Landschaft wieder unseren **Parkplatz**.

Am Ausgangspunkt der Wanderung zum Hochrieskopf.

Neuschwanstein, Linderhof | 10. Der Hochrieskopf

Scherrflecken
Unterer Gfällweg
Am Gfäll
Schoberköpfl
1001
Gfällgraben
877
Miesbühl
Lähnbach
R2
Unterreither Ruh
Jhtt.
Bruchköpfel
1092
Lähnbach Hütte
Schwarzeck
Hoher Trauchberg
1471
MTB-Schiebestrecke
Anwurfplatz
Klei
Grübelshütte
1413
Niederbleick
1589
Müllergraben
Mayrsalpe
Bleickhütte
Markgraben
Wolfskopf
1526
1638
Hohe Bleick
Baschen
Maulkopf
1517
Senngraben
Klügerhütte
Röthenbach
Gliegerlsgrabe
Jagdhütte
Birnkopf
1372
MTB-Route für Geübte!
Angstmoos
Gsimseckg
Gsimseck
1152
Heinzenmoos
M M E R G
Angstbach
Wasserscheidmoos
1162
Schwarzenköpfel
1189
Brameckköpfel
1287
Brameck
5
10
Jhtt.
Wasserscheidhütte
Krottensteinhütte
Eckhütte
Winterweg
Jhtt.
Geometerhütte
urschutzgebiet
Lobbergn
Nickelswald
1111
Nickelskopf
1364
Kronwinkelmoos
Spüreekgraben
Lobber
10
Krottenstein-
Jagdhaus
Auf der Platte
1466
moos
mergauer Alp
1489
Baumgartenköpfl
Krottensteinschrofen
Krottenstein
1684
Jaufen
1433
Rossstallschrofen
stallkopf
Schwarzenkopf
1624
Hleb
1490
Hirtenhütte
Hirtenhütte
1684
Buchinger Baumgarten
Schafstall
Gamsangerschrofen
Kleine Klammspitze
1882
E4
01
1718
Brunnenkopf
Feigenschrof
1625

11. Buchenberg, Loben- und Halblechtal

Eine gemütliche Tour bergab in einer einsamen Landschaft

Ausgangspunkt: Auf der B 17 Schongau–Füssen fahren wir nach Buching (hier Bushaltestelle), wo wir am Parkplatz der Talstation des Sesselliftes unser Auto abstellen. Der Lift ist von 10–17 Uhr in Betrieb | **Charakter:** Bequeme Bergabwanderung auf gut markierten Wegen und Sträßchen (z. T. auf Teer) ohne sonstige Probleme | **Einkehr:** Brotzeitstüberl auf dem Buchenberg, Gasthaus an der Sessellift-Talstation | **Karte:** KOMPASS Nr. 4

| Leicht | 10,5 km | 22 hm / 364 hm | 2:45 Std. |

Nach einem umfassenden Ausblick vom Gipfel des Buchenberges auf den Pfaffenwinkel sowie die Ammergauer und Allgäuer Alpen haben wir eine gemütliche Bergabwanderung mit viel Schatten für heiße Tage, die in großen Teilen nur von wenigen Wanderern begangen wird.

Vom **Parkplatz** (800 m) nehmen wir den gemütlichen Sessellift, der uns zum Gipfel des **Buchenberges** (1142 m) mit einer Einkehrmöglichkeit bringt. Von hier oben haben wir einen schönen Blick hinab über den Pfaffenwinkel mit dem Forggensee sowie die Allgäuer und Ammergauer Alpen. Dann folgen wir der mit einem roten Punkt markierten Forststraße (Tafel „Lettenfleck, Leiterau, Kenzenhütte") in einem lichten Wald eben bzw. leicht bergab. Gelegentlich ergeben sich faszinierende Blicke auf die Felsnadel des Geiselsteins. An einem **Viehgatter** (1081 m) biegen wir rechts und sofort wieder links ab, um auf einem schmalen Pfad durch den Wald einen Bach zu erreichen. Leicht bergauf, etwas eben und nochmals steil bergab kommen wir zu einem zweiten Bach. Nach seiner Überquerung nochmals kurz, aber kräftig bergauf treffen wir dann nach einem Teilstück ohne großen Höhenunterschied auf eine Forststraße. Hier halten wir uns links und wandern – Abzweigungen ignorierend – eben bzw. leicht im Wald bergab durch das Gebiet der **Leiterau** an einer Forsthütte (1103 m) vorbei bis zu einer Straßenkehre. Wir folgen links der Fahrstraße Richtung Halblech leicht im Wald bergab,

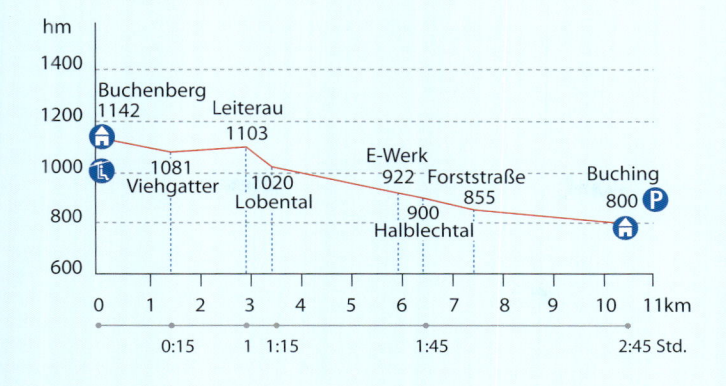

```
hm
1400
1200  Buchenberg
      1142       Leiterau
                 1103
1000      1081              E-Werk
          Viehgatter  1020  922    Forststraße    Buching
 800                  Lobental     855            800
                           900
                           Halblechtal
 600
      0   1   2   3   4   5   6   7   8   9   10  11km
            0:15    1  1:15         1:45              2:45 Std.
```

bis wir zur Schotterstraße im **Lobental** gelangen (ca. 1020 m). Auf ihr gehen wir links mit tief eingeschnittenen Tal mit seinen waldreichen Hängen am Lobentalbach entlang, der zweimal überquert wird. An einem **E-Werk** (922 m) vorbei erreichen wir kurze Zeit später bei der Reiselsberghütte eine große Straßengabelung an der Einmündung in das **Halblechtal** (ca. 900 m). Nun folgen wir links der Teerstraße im wildromantischen Halblechtal sanft bergab. Bei der Einmündung einer **Forststraße** (855 m) wird der Fluss zum ersten und etwas später zum zweiten Mal überquert. Nach rund eindreiviertel Stunden Gehzeit führt ein markierter Weg links im Wald bergauf Richtung Buching. Nach dem Wald endet der Anstieg und wir haben einen freien Blick über die Seen und Berge bei Füssen. Nun geht es über Wiesen leicht bergab nach **Buching**. Dort wandern wir auf Teer links am Adamerhof vorbei (Kenzenstraße), dann rechts hinab (Talstraße) und anschließend nochmals die Bergstraße hinab zur Hauptstraße. Hier halten wir uns links, um den Parkplatz am Sessellift zu erreichen.

Lobental und Geiselstein.

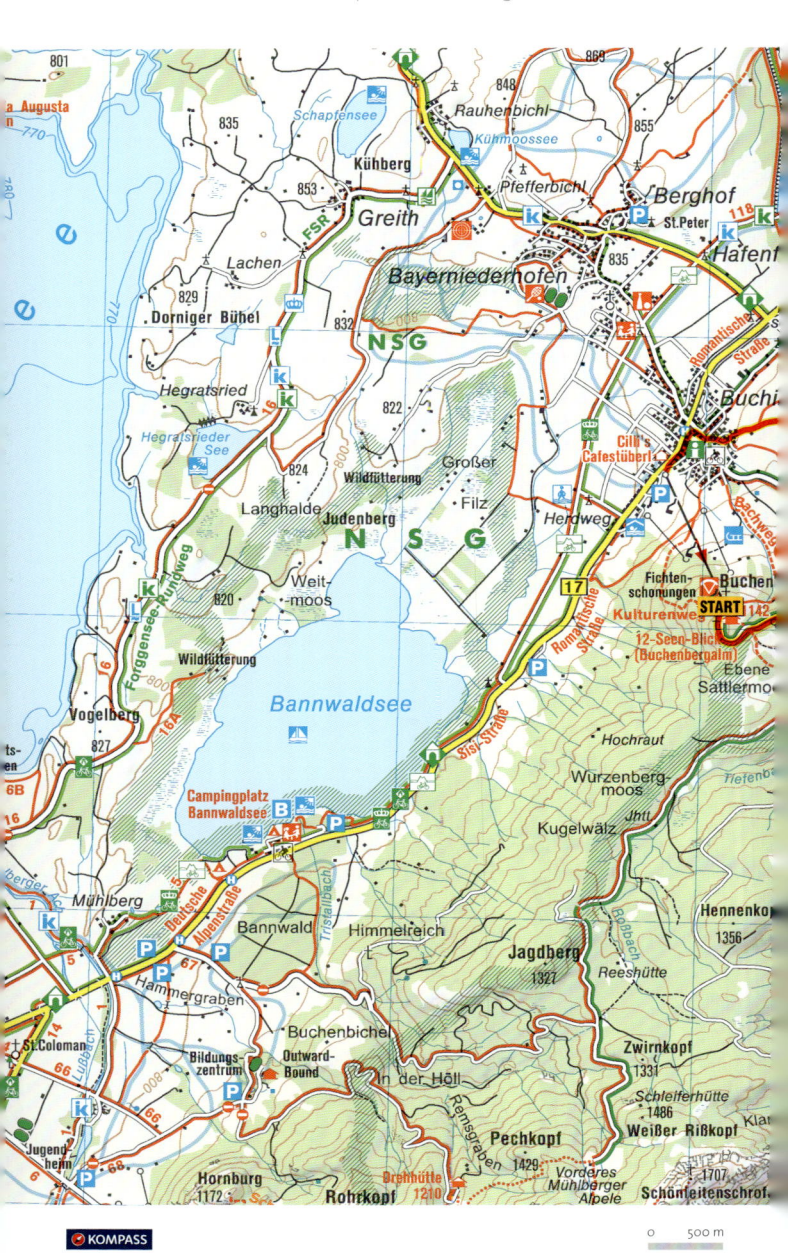

Neuschwanstein, Linderhof | 11. Buchenberg, Loben-/Halblechtal

Trauchgau
792
Halblech
Sägewerk
Geißaubichl
Hoher
Grübelshütte
Mayrsalpe
Wolfskopf
1526
Hochrieskopf
1470
Trauchberg-Höhenweg
Sennalpe
Görgeleck
1421
1429
1308
Mühlschartenkopf
1380
Schwarzengrabenweg
Miesingenbach
Röthenbach
Birnkopf
1372
Heinz
A M M
Schwarzenköpfel
1189
Halblechtal
Halblech
Kleinbus
Zwingen-mannsau
Krottensteinhütte
Eckhütte
Winterweg
Reiselsberghütte
Naturschutz
Wasserfilz
Siegelsmoos
Herziges Bergel
1152
Tiefental
Leiterau
Klamm
Krottenstein-moos
Jagd-haus
Auf der Pl
1466
Reiselsberg
Ammergau
Roßstallhütte (verfallen)
Katzenberg
1335
Roßstallköpfl
1449
Roßstallkopf
1490
1433
Krottensteinsch
Krottens
1684
Schwar
Hirtenhütte
Buchinger Baumgarten
Leiterau
Lobentalb.
Kleinbus
MTB-Route für Geübte!
Lettenflecke
Vordertörle
1373
Hintertörle
1674
Firstberg
1784
Grubenkopf
1847
Firstberghütte
Hirschwanghütte
Geigersau
Ebenwald
Bockstallsee
Jägerswald
Wssf.
Neuweidbach
Neuweidgraben
Bäckenalmsattel
1536
Wankerfleck-
Jhtt.
E4
215
224
Bruck-schmid

12. Pechkopf-Umrundung
Eine Almwanderung abseits ausgetretener Pfade

Ausgangspunkt: Von der B 17 Füssen – Schongau nehmen wir bereits nach Schwangau links (hier Bushaltestelle) das schmale Asphaltsträßchen Richtung Drehhütte und parken am 1. Parkplatz vor einer Gabelung | **Charakter:** Die gut markierten Wege und Forststraßen (auch größere Abschnitte auf Teer) stellen kaum Probleme an Kondition oder Orientierungssinn; nur kurze Stücke sind schmal, steil und rutschig, erfordern also Trittsicherheit | **Einkehr:** Drehhütte | **Karte:** KOMPASS Nr. 4

Mittel   9,75 km   640 hm / 640 hm   3:15 Std.

Die Wanderung in einer sowohl lieblichen Alm als auch wilden Berglandschaft ist teilweise sehr einsam und bietet eindrucksvolle Blicke in die Steilwände des Geiselsteins und hinab zum Forggensee.

Vom **Parkplatz** (ca. 810 m) folgen wir der Teerstraße rechts Richtung Drehhütte über eine Wiese mit Blick auf Tegelberg und Geiselstein leicht bergauf. Im Wald erreichen wir nach 15 Minuten einen zweiten Parkplatz. Dann geht es geradeaus weiter auf Teer schattig bergauf, wobei wir an einer Abzweigung nicht abbiegen dürfen. Nach einigen Kehren (996 m) und einem steilen Stück in der Sonne mit Tiefblicken zum Forggensee haben wir an den schrofigen Abhängen des Tegelberges wieder viel Wald. Wir folgen nun einem Tal und überqueren später links einen Bach (geradeaus zur Rohrkopfhütte), um kurz darauf an der **Drehhütte** (1210 m) mit Einkehrmöglichkeit anzukommen.

Hier endet der Teerbelag und wir nehmen direkt vor der Hütte den Ziehweg rechts Richtung Vorderes Mühlberger Älpele, der zunächst an einem kahlen Hang und dann als Steig in einem Tobel steil bergauf führt. Nach einer Bachüberquerung bleibt die Steigung trotz zahlreicher Kehren, bis wir den Kamm südöstlich des **Pechkopfes** erreichen.

Von hier haben wir einen wunderbaren Blick auf die Seen und Berge des Allgäus. Wir steigen noch etwas sachte am Kamm bergauf zur höchsten Stelle unserer Tour (ca. 1450 m), dann leicht bergab und teilweise auf Balken durch sumpfiges Gelände, um schon bald zum **Vorderen Mühlberger Älpele** (ca. 1410 m) zu kommen. Nun führt ei-

Höhenprofil

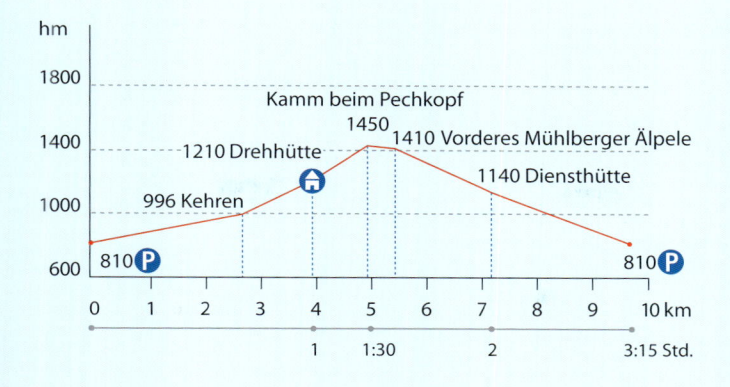

- hm
- 1800
- 1400 — Kamm beim Pechkopf 1450
- 1210 Drehhütte — 1410 Vorderes Mühlberger Älpele
- 1140 Diensthütte
- 1000 — 996 Kehren
- 600 — 810 P … 810 P
- 0 1 2 3 4 5 6 7 8 9 10 km
- 1   1:30   2   3:15 Std.

ne geschotterte Forststraße in lichtem Wald leicht bergab. Es folgt ein Steilstück auf Teer, anschließend wieder Naturbelag mit mäßigem Gefälle. Nach 20 Min. biegen wir auf unserer Straße links ab und gehen meist in dichtem Wald mit wenig Sicht etwas steiler talwärts; dabei ignorieren wir alle abzweigenden Forstwege, die bergwärts führen. Wir halten uns immer an die rote Markierung, passieren unterwegs eine **Diensthütte** (1140 m) und steigen in einem Tal kräftig bergab. Nach der Überquerung eines Baches wird die Landschaft flach und wir gehen auf einer schmalen Teerstraße eben weiter Richtung Auto – das letzte Stück erneut auf Schotter.

Das Märchenschloss Neuschwanstein vor der Kulisse der Allgäuer Alpen.

Neuschwanstein, Linderhof | 12. Pechkopf-Umrundung

Filz
Herdweg
17
Fichten-
schonungen
Buchberg
Kulturenweg
1142
Romantische Straße
12-Seen-Blick
(Buchenbergalm)
Bachweg
Halblech
Kleinbus
Ebene
Sattlermoos
Wasserfilz
Sisi-Straße
Hochraut
Tiefental
Tiefenbach
Leiterau
Wurzenberg-
moos
Jhtt.
Kugelwälz
Klamm
Lobentalb.
Katzen
Leiterau
Hennenkopf
1356
Roßbach
Jagdberg
1327
Reeshütte
MTB-Route
für Geübte!
Vordertörle
1373
Lettenflecke
Zwirnkopf
1331
Schleiferhütte
1486
Weißer Rißkopf
Klammgraben
Lobental
Geigers-
au
Ebenwald
Bock-
stallsee
Jägerswa
Remsgraben
Pechkopf
1429
Vorderes
Mühlberger
Älpele
1650
1707
Schönleitenschrofen
Wankerfleck-
kapelle
Wankerfleck
Kesselgraben
Roßscharte
Rahmenstein
1378
Spitzigschröfle
1657
Hinteres
Mühlberger Älpele
Lobentalbach
Gumpenbach
Wasserfall
Dreimännlgraben
Geiselstein
1879
Jägerswand
Kenzen
1745
1729
Geiselsteinjoch
Gumpenh.
Dreimännl
1551
Gumpenkarspitze
1879
Branderfleckgraben
1918
Gumpenkar
1650
Kenzensattel
Branderfleck
E4
M
216
Gabelschrofen-
sattel
Prinzregenten-
steig
Ahornspitze
1784
1989
2012
Gabelschrofen
Krähe
2082
2079
Schwangauer
Kessel
E4 (Var.)
Hochplatte
Ahornsattel
Fensterl
1916
Roggentalgabel
Ahorn-
Diensthütte
1767
Strauß-
bergalpe
1877
Niederer
Straußberg
Hochblasse
1989
Straußbergköpfl
Nieder-
straußberg-
sattel
Köllebach
1933

13. Rund um Kenzenkopf und Geiselstein

Eine grandiose Felslandschaft am „Matterhorn" der Ammergauer Alpen

Ausgangspunkt: Von der B 17 Schongau–Füssen fährt man in die Ortschaft Halblech (hier Bushaltestelle) und parkt am beschilderten Parkplatz zur Kenzenhütte | **Charakter:** Die Wege sind zwar meist schmal und teilweise steinig, aber ordentlich markiert und stellen daher nicht allzu große Anforderungen, nur der Abstieg ist ziemlich steil; etwas Trittsicherheit ist daher ratsam | **Einkehr:** Kenzenhütte | **Karte:** KOMPASS Nr. 5

| Mittel | 6 km | 505 hm / 651 hm | 4 Std. |

Wir durchqueren eine der schönsten Stellen der Ammergauer Alpen und wandern über malerische Almwiesen bis in das grandiose Hochgebirge mit der unverwechselbaren Felsgestalt des Geiselsteins, die uns an das Matterhorn erinnert: eine unvergessliche Tour.

Vom Parkplatz in **Halblech** (825 m) bringt uns ein Kleinbus hinauf zur bewirtschafteten **Kenzenhütte** (1294 m). Wir folgen nun dem breiten Weg Richtung Geiselstein nach Süden und bleiben an der ersten Abzweigung geradeaus (nicht links bergauf) im bewaldeten Talgrund mit mäßiger Steigung. Stärker bergauf führt nun der Weg, um die Felsstufe zu überwinden, über die der eindrucksvolle **Kenzenwasserfall** herabstürzt. Wir überqueren am Waldrand einen Bach, danach wendet sich der Weg nach Westen. Über Almwiesen geht es kräftig hinauf in das „Gasse" genannte Kar. Es folgt eine Zone mit großen Blöcken. Zum Schluss erreichen wir nochmals aussichtsreich über Wiesen den **Kenzensattel** (1650 m). Hier haben wir den ersten eindrucksvollen Blick auf das Massiv der Hochplatte und die Felswände des Geiselsteins. Vom Sattel führt der Weg kurz hinab ins **Gumpenkar** (ca. 1580 m) mit seinen Karstlöchern und Dolinen. Mit nur geringem Höhenunterschied und phantastischen Blicken in die umgebende Bergwelt mit ihren bizarren Felsen queren wir das Kar und halten uns an Abzweigungen stets rechts Richtung Geiselstein, der immer beeindruckend wie die Felswand des Matterhorns in unserem Blickfeld ist. Dann steigt der Pfad

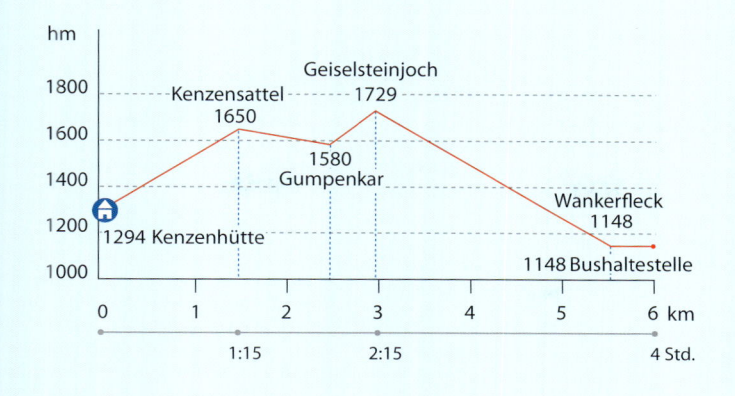

```
hm
1800                  Geiselsteinjoch
          Kenzensattel   1729
1600          1650
                    1580
1400               Gumpenkar
                                          Wankerfleck
1200  🏠                                      1148
     1294 Kenzenhütte
1000                                      1148 Bushaltestelle
      0     1      2      3      4      5      6  km
            1:15        2:15              4 Std.
```

wieder an und führt uns zum Schluss kräftig bergauf in das **Geiselsteinjoch** (1729 m), direkt unterhalb der glatten Südwand, wo wir viele Kletterer beobachten können. Wir genießen jedoch lieber die schöne Aussicht. Der Abstieg vollzieht sich nun kehrenreich und mit kräftigem Gefälle an einem steilen Hang mit vielen Latschen. An einer Abzweigung halten wir uns rechts und setzen unseren Weg in nordöstlicher Richtung mit angenehmem Gefälle im Wald fort. Dann folgt nochmals ein schattiger, steiler und kehrenreicher Abstieg, wobei der Zustand des Steiges besser sein könnte. Schließlich erreichen wir am **Wankerfleck** (1148 m) den Talboden und queren fast eben den malerischen Wiesengrund in nordöstlicher Richtung mit herrlichen Blicken zum Geiselstein und zur Hochplatte. Unser Weg trifft schließlich bei einer Kapelle auf die Fahrstraße mit der Haltestelle. Von hier nimmt uns der Kleinbus, der von der Kenzenhütte kommt, zurück zum Parkplatz nach **Halblech**.

🛈 KOMPASS INFO

Der Bus zur Kenzenhütte verkehrt in der schneefreien Jahreszeit von Montag bis Freitag stündlich ab 8.45 Uhr, am Wochenende und an Feiertagen bereits ab 7 Uhr. Die Rückfahrt ist zwischen 10.30 Uhr und 17.30 Uhr ebenfalls immer stündlich möglich.

Der Geiselstein.

Neuschwanstein, Linderhof | 13. Kenzenkopf und Geiselstein

Reiselsberg
Auf der Platte
Krottensteinschrofen
Krottenstein
Jaufen
Katzenberg
Roßstallhütte (verfallen)
Roßstallköpfl
Roßstallkopf
Schwarzenkopf
Hirtenhütte 1374
Buchinger Baumgarten
Schafstall
Gamsangerschrofen
Feigenschrof
Feigenkopf
Vordertörle
Hintertörle
Firstberg
Grubenkopf
Klammspitzgrat
Firstberghütte 1659
Hirschwanghütte
Zauschet
Ebenwald
Bock-stallsee
Jägerswald
ZIEL
Wankerfleck-kapelle
Wankerfleck
Neuweidgraben
Bäckenalmsattel
Kenzenköpfl
Kenzen-Jhs.
Kesselwand
Kesselhütte (verf.)
Bäckenalpe 1309 (verf.)
Hasentalgraben
Hasentalalpe
Hasentalkopf
Hundsfallköpfe
START
Kenzenhütte
Kenzenmoos
Vorderscheinberg
Scheinbergjoch
Lösertalgraben
Wasserfall
Jägerswand
Kenzenkopf
Gasse
Hirtenhütte
Lösertaljoch
Lösertalkopf
Kenzensattel
Naturschutz
Klamm
Schlössel
Gamsangerl
Wilder Freithof
Hirschlache
Scheinbergspitze
Hochplatte
Weitalpjoch
Stocklahne
Roggentalgabel
Weitalpspitz
Weidentalbach
Ruckentalbach
Stockgraben
Hirtenhütte
Weitalpe 1694
Stock-Diensthütte
Vorsicht, Aufforstungen!
Vordereck
Fischbach
Mittereckgraben
Alte Klause
Schäferblasse
Hintereck
Bei den 7 Quellen
Ammerwaldhütte
Hundinghütte (verf.)
Ammerwaldalm
Ammersattel 1118
Umkehrhütte
Jubiläumsteig
Neualpwinkel
Neualmbach
Ammerwald
Ammerwald 1079
Ammerwaldloch

14. Der Tegelberg, 1707 m und die Marienbrücke

Neuschwanstein prägt den Fußmarsch auf den bekannten Aussichtsgipfel

Ausgangspunkt: Von der B 17 Schongau–Füssen nach dem Bannwaldsee zweimal links abbiegen, um das Auto am großen Parkplatz der Seilbahn zum Tegelberg abzustellen (auch Bushaltestelle) | **Charakter:** Längere Bergwanderung auf teils schmalen, steinigen und steilen, aber gut markierten Pfaden, die Trittsicherheit und beim Aufstieg auch etwas Schwindelfreiheit sowie die entsprechende Ausrüstung verlangen. An einer Stelle ist der Einsatz der Hände nötig | **Einkehr:** Unterwegs das Tegelberg-Gipfelhaus und die Rohrkopfhütte sowie das Gasthaus an der Talstation | **Karte:** KOMPASS Nr. 5

Schwer	9,5 km	887 hm / 887 hm	4:45 Std.

Die wilde und düstere Pöllatschlucht, die einzigartige Ansicht von Neuschwanstein, die kühne Marienbrücke, der Blick auf zahlreiche Seen und Berggipfel sind die wichtigsten Höhepunkte dieser eindrucksvollen Rundtour in den Ammergauer Alpen.

Vom **Parkplatz** (820 m) gehen wir auf der Fahrstraße zurück über einen Bach und biegen gleich danach links ab. Anschließend folgen wir eben dem Lauf des Wassers bis zu einer Fahrstraße, auf der wir ebenfalls links bis zu einer Holzfabrik gehen. Nun steigen wir links in der **Pöllatschlucht** auf einem gut gesicherten Steg kräftig bergauf zwischen steilen Felsen und Wasserfällen, unterbrochen von einer ebenen Passage unterhalb von **Neuschwanstein**. Der weitere Aufstieg teilweise über Stufen bietet schöne Blicke auf die **Marienbrücke** und einen Wasserfall und führt schließlich steil aus der Schlucht hinaus zu einem Teerweg. Wir halten uns nicht rechts zum Schloss, sondern links mit starker Steigung bergauf Richtung Marienbrücke. Ein Aussichtspunkt erlaubt eine gute Sicht auf Hohenschwangau und den Alpsee. Schließlich spannt sich die **Marienbrücke** (984 m) ohne Pfeiler kühn in 92 m Höhe über die **Pöllatschlucht**.

Von hier ergeben sich herrliche Blicke auf das Märchenschloss Neuschwanstein. Danach geht es im Wald in Serpentinen kräftig einen

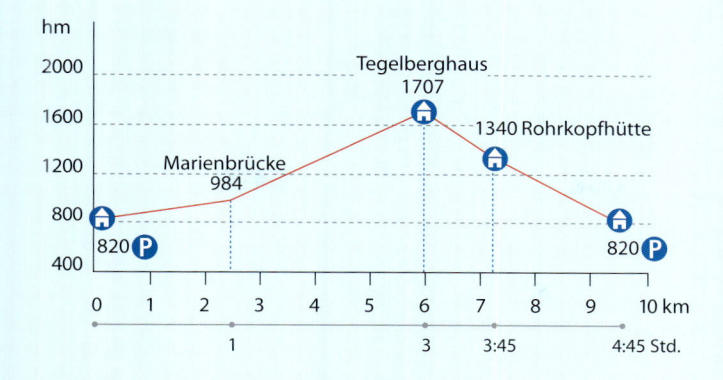

Hang hinauf. Später haben wir einen herrlichen Blick zum Säuling und den Königsschlössern. Nach dem Wald steigen wir einen steilen Hang und eine von Schrofen durchsetzte Zone bergauf, wobei wir auch mit den Händen zupacken müssen. Hier sollten Sie unbedingt trittsicher und schwindelfrei sein. Schließlich erreichen wir einen Sattel und der Weg führt nun für 15 Minuten fast eben durch einen Wald; dann folgt nochmals ein kräftiger Anstieg. Bei der Einmündung des Klettersteiges wandern wir geradeaus weiter bis zu einem erneuten Sattel und steigen dann rechts über Holzstufen steil zum Gipfel des **Tegelberges** (1707 m) mit dem **Tegelberghaus**. Von hier oben bietet sich ein herrlicher Ausblick auf die phantastische Bergwelt der Ammergauer Alpen und die zahlreichen klaren Seen des Ostallgäus. Wieder zurück am Sattel, steigen wir rechts über Holzstufen steil hinab ins **Grüble** und dann aussichtsreich über eine Skiabfahrt. Auf halber Höhe halten wir uns links (nicht rechts zur Drehhütte) und folgen weiter dem gelb markierten Weg wie bisher zur **Rohrkopfhütte** (ca. 1340 m). Wir gehen jetzt schräg links in den Wald und dort in vielen Kehren kräftig bergab. Über eine Wiese mit schöner Aussicht erreichen wir schließlich einen Sattel. Hier biegen wir erneut links ab (rechts zur Drehhütte) und kommen auf einem schmalen Forstweg schon bald die Einmündung des Steiges von der Hornburg. Wir bleiben geradeaus auf dem Hauptweg weiter bergab und ignorieren einige Minuten später links die Abzweigung zur Gelben Wand (Klettersteig). Wir steigen jetzt steil hinab ins Tal und folgen zum Schluss über Wiesen und durch lichten Wald einem Teersträßchen entlang der Sommerrodelbahn. Unterwegs sehen wir zur Linken die abweisenden Felswände der Hornburg und vor uns die Seenlandschaft des Ostallgäus. So erreichen wir schließlich nach einer genussreichen Tour wieder den **Parkplatz** an der Bergbahn.

Neuschwanstein, Linderhof | 14. Tegelberg und Marienbrücke

Hochraut
Wurzenberg-moos
1152
Tiefenbach
Tiefental
1083
Leiterau
Kugelwälz
Jhtt.
1090
Klamm
Lobentalb.
Diensthütte Leiterau 1103
1002
Katzenberg
Hennenkopf
1356
Roßbach
Jagdberg
1327
Reeshütte
MTB-Route für Geübte!
Kleinbus
1113
Roß
Diensthütte
Zwirnkopf
1331
Lettenflecke
215
E4
Vordertörle
1373
Hintertörle
1674
1127
Höll
Remsgraben
Schleiferhütte
1486
Weißer Rißkopf
Klammgraben
Geigersau
1148
Ebenwald
Bockstallsee
Jägerswald
Pechkopf
1429
Vorderes Mühlberger Alpele
1650
Jhtt.
1707
Schönleitenschrofen
1148
Wankerfleck-kapelle
Kenzenh
210
Kesselgraben
Roßscharte
Rahmenstein
1378
Wankerfleck
Spitzigschröfle
1657
Hinteres Mühlberger Älpele
1200
Lobentalbach
Gumpenbach
Kenzen
1190
Dreimännlgraben
Wasserfall
Geiselstein
1879
Jägerswand
Kenzenkopf
1745
1729
Geiselsteinjoch
218
Dreimännl
1551
Gumpenh. 1454
1879
Gumpenkarspitze
Branderfleckgraben
Prinzregentensteig
1918
Gumpenkar
221
1650
Kenzensattel
Branderfleck
M
216
Gabelschrofen-sattel
Gamsangerl
Ahornspitze
1784
1989
Gabelschrofen
2012
Krähe
2082
2079
Schwangauer Kessel
Hochplatte
Fensterl
1916
Ahornsattel
Roggentalgabel
Ahorn-Diensthütte 1363
1767
Straußbergalpe
1877
Niederer Straußberg
Hochblasse
1466
Hirtenhütte
Straußbergköpfl
Nieder-straußberg-sattel
Köllebach
1989
1933
217
Hoher Straußberg
AMMERGEBIRGE
Ochsenängerle
Schäferblasse
1764
1158
01
Alpe Jägerhütte
Diensthütte
1431
NSG
Settele-Steig
1352
Pöllat
Schützensteig
Blassenwald
201
Schlagstein
1680
214
1778
1369
1172
Altenberghütte 1414
Ochsenälpele
211
Ochsenälpeleskopf (Ochsenkopf)
Hirschwängalpe 1525
1086

15. Rundwanderung um Alp- und Schwansee

Zwei malerische Seen im Angesicht der Königsschlösser

Ausgangspunkt: Von Füssen nehmen wir die B 17 nach Norden, biegen aber schon bald rechts nach Alterschrofen (dort auch Bushaltestelle) ab, wo wir am Ortsende rechts auf einem schmalen Sträßchen nach wenigen Metern einen Parkplatz erreichen | **Charakter:** Die gut markierten Weg sind nicht besonders anstrengend und bieten auch sonst keine besonderen Schwierigkeiten | **Einkehr:** diverse Gasthäuser in Hohenschwangau | **Karte:** KOMPASS Nr. 4

Leicht 8,5 km 76 hm / 76 hm 2:30 Std.

Zwei malerische Seen mit klarem Wasser, die prächtigen bayerischen Königsschlösser von Neuschwanstein und Hohenschwangau sowie die eindrucksvolle Bergkulisse der Ammergauer Alpen machen diese Wanderung zu einem besonderen Erlebnis.

Vom **Parkplatz** (794 m) nehmen wir den Fußweg, der stets parallel links von der gesperrten Teerstraße eben im Wald verläuft, wobei wir uns an Abzweigungen rechts halten müssen. Am **Schwansee** (789 m) biegen wir links ab und folgen dem Ostufer, an dem wir viel Schilf und einige Seerosen sehen. Der See selbst liegt malerisch unterhalb steiler Felsen. Am Ende des Sees nehmen wir den 2. Querweg links unmittelbar vor einem Bach (Nr. 13 a „Hohenschwangau"), an dem wir eben durch Wald bis zu einer Teerstraße entlang wandern. Auf der Straße gelangen wir rechts zum Parkplatz „Königsschlösser" in **Hohenschwangau** (810 m).

Dort gehen wir rechts auf einer Asphaltstraße an vielen Souvenierläden und Lokalen vorbei in 5 Minuten zum **Alpsee** (814 m) mit seinem herrlichen Bergpanorama. Nun wandern wir links eben mit einem Fernblick auf die Tannheimer Berge am östlichen Ufer entlang.

Nach 15 Minuten erreicht der schattige Pfad ein Seebad. Wie bisher bleiben wir dem Uferweg, der aber einige „alpine" Einlagen bietet (schmal, steinig sowie Holzstege an steilen Felswänden). Mit einem schönen Blick auf die Königsschlösser von Neuschwanstein und Hohenschwangau sowie den Alpsee erreichen wir in dieser wunderbaren Landschaft die **Mariensäule** (815 m). Dann geht es noch etwas eben am See entlang, bis der Weg aussichtsreich auf die halbe Hanghöhe ansteigt, um eine steile Felswand zu überwinden.

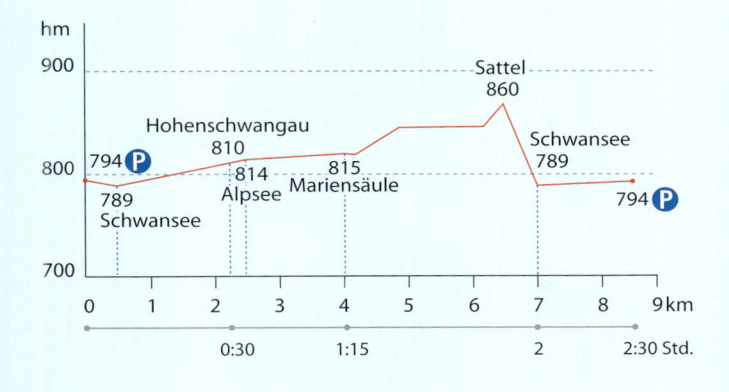

Am Ende dieser Etappe passieren wir den schönen Aussichtspunkt „**Pindarplatz**" mit einem faszinierenden Tiefblick auf den Alpsee

Im klaren Wasser des Alpsees spiegeln sich eindrucksvoll die Felswände der Ammergauer Alpen.

Neuschwanstein, Linderhof | 15. Um Alp- und Schwansee

Malerische ist die Kulisse von Schloss Hohenschwangau vor dem stillen Alpsee.

⭐ **KOMPASS HIGHLIGHT**

Schloss Neuschwanstein: Der steingewordene Traum Ludwigs II.
Die langen Warteschlangen beweisen die Beliebtheit des Schlosses. Wie Sie auch immer zur Inneneinrichtung stehen, herrlich ist die Lage des eindrucksvollen Bauwerkes auf einem Felssporn vor der gewaltigen Bergkulisse. Nach einem Besuch in Versailles und auf der Wartburg im Vorjahr ließ Ludwig II. 1868 mit dem Bau von Herrenchiemsee und Neuschwanstein beginnen. Dazu sollte zuerst die Ruine Vorderschwangau restauriert werden, dann beschloss der König aber doch einen Neubau, den er Neuhohenschwangau nannte; der Name Neuschwanstein kam erst nach dem Tod Ludwigs II. auf. Baumeister war Eduard Riedel, der die Entwürfe des Theatermalers Christian Jank umsetzte. Aufgrund des schwierigen Geländes und wiederholter Änderungswünsche, war das Bauwerk beim Tod des Königs 1886 unvollendet. Bergfried und Kapelle fehlen bis heute, nur die Kemenate, die den Hof nach Süden abschloss wurde noch fertig gestellt. Das Innere ist eine Flucht Ludwigs von der Realität in eine ideale romantische Welt, welche die Sehnsüchte des Königs symbolisiert. Dies drückt sich im gewählten historischen Stil nach dem Vorbild der Wartburg aus. Den zentralen Mittelpunkt bildete dabei der Sängersaal, der Thronsaal kam erst in einer späteren Phase hinzu. Er spiegelt den Glauben an ein ewiges, von Gott gegebenes Königtum mit einer heiligen Krone in einer als ideal gedachten historischen Wirklichkeit wider. Der Bau selbst ist eine Meisterleistung der damaligen Technik und Ingenieurskunst und hat die Staatskasse fast in den Ruin getrieben.

⭐ KOMPASS HIGHLIGHT

Schloss Hohenschwangau
Bereits im Mittelalter existierte hier eine Burg, die 1809 zerstört wurde. 1833–37 ließ Kronprinz Maximilian nach Entwürfen des Theatermalers Domenico Quaglio an derselben Stelle seine Sommerresidenz errichten. Die Bauleitung hatte zuletzt Josef Ohlmüller inne. 1851–53 kam noch der Kavalierbau von Georg Ziebland hinzu. Das Schloss steht in einer einzigartigen Landschaft in beherrschender Lage auf einem Felshügel zwischen Schwan- und Alpsee. Die eindrucksvolle Form erhält es vom viertürmigen Würfel des Palas. Im Äußeren wie im Inneren spiegeln sich sehr gut die Vorstellungen der Romantik wieder. So sind die Räume mit Fresken aus der deutschen Geschichte und Sagenwelt nach Entwürfen von Moritz von Schwind und Wilhelm Lindenschmitt ausgemalt. Im Park kann noch der prächtige Schwanenbrunnen von Ludwig Schwanthaler besichtigt werden. In dieser Umgebung verbrachte der spätere König Ludwig II. zeitweise seine Kindheit. So lernte er die herrliche Umgebung kennen, in der er später sein Traumschloss Neuschwanstein errichten ließ.

und erreichen nach 30 Minuten eine Teerstraße. Dort rechts und gleich wieder links (Tafel „Schwansee") gehen wir auf dem Fischersteig noch kurz im Wald sachte bergauf in einen Sattel (860 m). Nun führt der schattige Weg in zahlreichen Serpentinen mit mäßigem Gefälle hinab zum **Schwansee** (789 m). Dort folgen wir links dem Ufer und gelangen später durch die Schilf- und Badezone zurück zur ganz oben erwähnten Teerstraße. Auf dem Fußweg rechts parallel der Straße kommen wir wieder zu unserem **Parkplatz**.

Herrlicher Blick von der Marienbrücke (Tour 14) auf Schloss Neuschwanstein.

Neuschwanstein, Linderhof | 15. Um Alp- und Schwansee

Bannwald
Himmelreich
Jagdberg
1327
Schwangau
796
Hammergraben
Buchenbichel
St.Coloman
Bildungs-
zentrum
Outward-
Bound
In der Höll
Tourist-
Information
Kurhaus
Schwangau
Jugend-
heim
Remsgraben
Pechkopf
1429
Hornburg
1172
Rohrkopf
1361
Drehhütte
1210
Naturdenkmal
Römische
Ausgrabungen
Sommer-
rodelbahn
Kulturpfad
Schutzengelweg
Rohrkopfhütte
1359
Kesselgraben
Alterschrofen
Rautbach
Ilgmosle
Tegelbergbahn
Gelber
Wandschrofen
Spitzigschröfle
1657
Hohenschwangau
Schießstand
"Gelbe Wand" Steig
1562
Grüble
Sägewerk
(Gipsmühle)
Torkopf 1525
Tegelbergkopf
1567
Tegelberghaus
1707
Branderschrofen
1879
Pöllatschlucht
Schloss Neuschwanstein
Pöllatfall
Marienbrücke
(Kulturdenkmal)
Naturlehrpfad
Ahornreitweg
Tegelberg
Roßgern
Ticket-
Center
Jugendstraße
Deutenhauser Bach
Gassenthomaskopf
1365
Winterzugweg
(Wasserleitungsweg)
Brunnenstubenweg
Ahorn-
Diensthütte
Benaköpfl
1593
Straußberg
Winterzug
1591
Älpeleskopf
Pöllatbach
1933
Hoher Straußberg
Wildsulzhütte
Fritz-Putz-Hütte
(Bergwachthütte)
Bleckenau
Berggaststätte
1167
Bleckenau
(Königshaus)
1759
Pilgerschrofen
Säuling
2047
Säulingbaus
1720
Settele-Steig
NSG
Birgwald
Vorgesäßgraben
Vorgesäß-Alm
Brunstgrat
Schlagstein
1680
Skihütte
1683
Zunderkopf
1726
Opelhaus
Pflacher Älpele
Rotmoos
Klemmtalalpe
Bächwald
Sepp-Sollner-Hütte
Bächhütte
Koflerjoch
(Jochberg)
1861
Kofelalpe-
Alpenvereinshütte
Dürrenberg
1797
1789
1446
Klemmtalbach
Oberer-
Holzschlag

16. Die Ruinen von Hohen-Freyberg und Eisenberg

Mittelalterliche Überreste in aussichtsreicher Gipfellage

Ausgangspunkt: Von Pfronten fahren wir auf einer Landstraße Richtung Eisenberg bzw. Seeg. In Zell nehmen wir links ein kleines Teersträßchen zur Schlossbergalm, wo Parkmöglichkeiten bestehen | **Charakter:** Eine weglose Stelle, sonst meist gut markierte Wege ohne Orientierungsprobleme und größere Anstrengungen | **Einkehr:** Schlossbergalm | **Karte:** KOMPASS Nr. 4

Leicht · 8 km · 243 hm / 243 hm · 2:45 Std.

Neben einem stillen Moorsee führt uns der Weg zu zwei teilweise restaurierten Ruinen in beherrschender Lage, die einen herrlichen Blick bieten.

Wir gehen vom Parkplatz am Gasthaus **Schlossbergalm** (980 m) – mit herrlicher Aussicht nach Neuschwanstein – kurz nach der Alm links in nördlicher Richtung (Nr. 244 „Lieben") und rechts an einem Haus vorbei über eine Wiese zum Wald. Dort nehmen wir den zweiten Weg rechts etwas bergauf zu einem Sattel, wo sich nach rechts ein Abstecher zum **Drachenköpfle** (ca. 1010 m, knapp 15 Minuten hin und zurück) lohnt.

Vom Sattel geht es rechts auf einem neuen Forstweg abwärts in eine Senke. Hier folgen wir zunächst rechts und dann links der Nummer 9, die nun als schwach markierter Pfad im Wald bergab führt (auf Zeichen achten!). Nach dem Wald setzt sich der Abstieg steil zwischen Gestrüpp fort; es schließen sich Pfadspuren über eine Wiese an, bevor nochmals ein Steilstück kommt. Im Tal gehen wir zweimal leicht rechts sanft hinab nach **Lieben** (860 m). Hier biegen wir zweimal links ab (Nr. 248 „Schwarzenbach) und nehmen den Feldweg über Wiesen fast eben nach **Schwarzenbach**. Nun folgen wir geradeaus der Teerstraße (Nr. 9) über einige Hügel nach **Schweinegg** (871 m). Dort benutzen wir links den Feldweg (Nr. 238 „Schlossweiher") über Wiesen und einen kleinen Hügel hinauf zu einem Sattel mit schöner Sicht zum Aggenstein. Anschließend geht es leicht abwärts bis zu einer Gabelung mit Bank und dort rechts auf demselben Weg (Nr. 238) in einem großen Linksbogen durch Wald zu einem einsamen dunklen Moorsee. Am Ende des Sees gehen wir (ziemlich

Höhenprofil

hm	
1400	
1200	Drachen-köpfle 1010 — Ruine Hohen-Freyberg — Ruine Eisenberg 1055
1000	Lieben 860 — Schwarzen-bach 878 — 1041
800	980 Schloßbergalm — 871 Schweinegg — 980 Schloßbergalm
600	

0 1 2 3 4 5 6 7 8 km
0:45 1 2:45 Std.

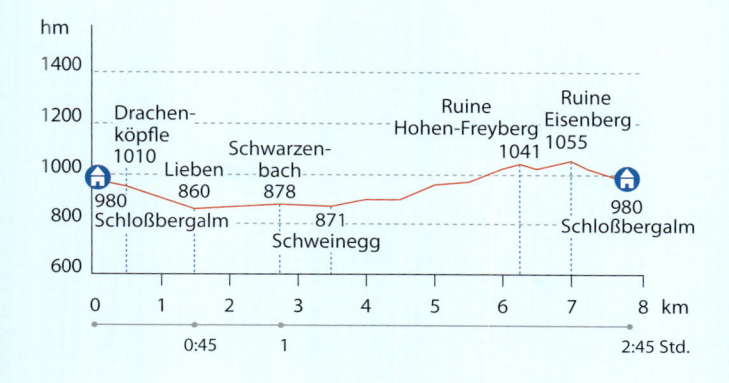

gerade) weglos – den See zur Linken – über eine Wiese und einen Bach zum gegenüberliegenden sichtbaren Feldweg (15 Min.). Dort nehmen wir links einen Pfad im Wald zum See und dann den ersten Pfad rechts bergauf über eine Wiese (hier nochmals kurz weglos) zu einem Querweg (5 Min.). Nun biegen wir links ab und folgen dem leicht hügeligen Kammverlauf (ca. 970 m; knapp 10 Min.; Ende einer Teerstraße). Wir gehen geradeaus auf einem Feldweg im Wald am Kamm entlang weiter zu einer Wiese mit Blick auf Hohen-Freyberg.

Zuerst nehmen wir den Pfad rechts (Nr. 244) und dann links („Hohen-Freyberg"; gut 5 Min.), der uneben und steil im Wald zu einem Sattel hinauf führt (ca. 1020 m; 10 Min.). Dort geht es links mit herrlichem Alpenblick nochmals kurz bergauf zur Ruine **Hohen-Freyberg** (1041 m; 5 Min.). Nach dem Besuch wieder hinab zum Sattel, steigen wir nun geradeaus zur **Ruine Eisenberg** hinauf (1055 m; 10 Min.) mit guter Sicht. Erneut zurück zum Sattel, gehen wir nun rechts im Wald und über Wiesen bergab zum Parkplatz (20 Min.).

Einblick ins Mittelalter – die Ruine von Eisenberg.

Neuschwanstein, Linderhof | 16. Hohen-Freyberg und Eisenberg

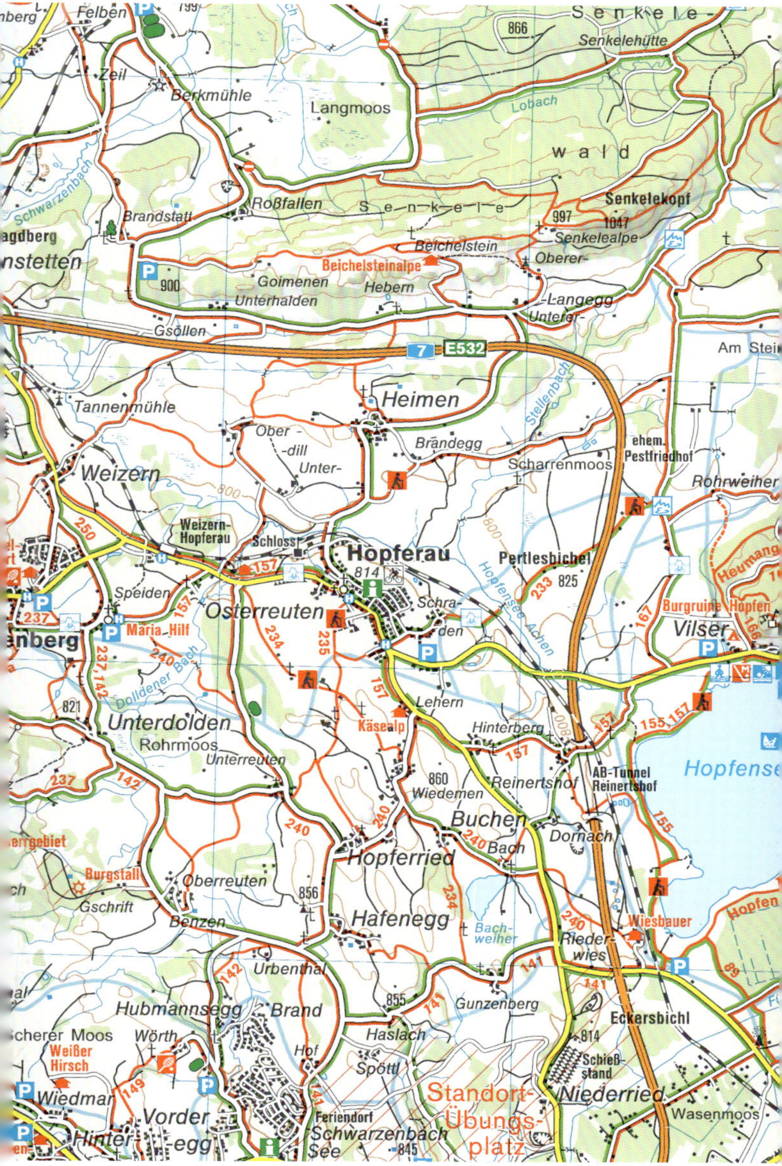
Felben
Zeil
Berkmühle
Langmoos
Senkele-
Senkelehütte
866
Lobach
wald
Schwarzenbach
Roßfallen
Senkele
Brandstatt
Senkelekopf
997
1047
Senkelealpe
Beichelstein
Oberer-
Beichelsteinalpe
Goimenen
Hebern
900
Unterhalden
Langegg
Unterer-
Gsöllen
7
E532
Am Stein
Heimen
Tannenmühle
Stellenbach
Ober-
-dill
Unter-
Brandegg
ehem. Pestfriedhof
Scharrenmoos
Weizern
Rohrweiher
800
Weizern-Hopferau
Schloss
Hopferau
814
Pertlesbichel
825
Heumang
Speiden
Osterreuten
Schra-
-den
Burgruine Hopfen
Vilser
Maria Hilf
Dolldener Bach
Hopfensee Achen
Lehern
821
Unterdolden
Rohrmoos
Käsealp
Hinterberg
Unterreuten
860
Wiedemen
Reinertshof
AB-Tunnel Reinertshof
Hopfensee
Buchen
Dornach
Bach
Hopferried
Burgstall
Oberreuten
Gschrift
856
Benzen
Hafenegg
Bachweiher
Wiesbauer
Rieder-
wies
Hopfen
Urbenthal
855
Gunzenberg
Hubmannsegg
Brand
Eckersbichl
Scherer Moos
Wörth
Haslach
814
Weißer Hirsch
Hof
Spöttl
Schießstand
Standort-
Übungs-
platz
Niederried
Wiedmar
Wasenmoos
Vorder
Hinter-
-egg
Feriendorf
Schwarzenbach
See
845

17. Lechfall und Alatsee
Eine wasserreiche Runde um den Vilser Berg

Ausgangspunkt: Von Füssen fahren wir westlich der Altstadt nach Bad Faulenbach und finden am Ortsende beim Fahrverbot einen großen Parkplatz (Bushaltestelle am Lechfall) | **Charakter:** Es handelt sich um eine unschwierige Wanderung ohne großen Höhenunterschied auf gut markierten Wegen, die keine besonderen Anforderungen stellen | **Einkehr:** Hotel Alatsee (unterwegs) sowie diverse Gaststätten in Bad Faulenbach am Ausgangspunkt (z. B. Waldschänke) | **Karte:** KOMPASS Nr. 4

Leicht · 9,5 km · 75 hm / 75 hm · 2:30 Std.

Der spektakuläre Lechfall mit seinen tosenden Wassermassen bietet einen schönen Kontrast zum ruhigen Tal des Faulenbachs mit seinen kleinen Badeseen. Besonders reizvoll ist der malerische Alatsee mit seinem klaren Wasser, in dem sich die umliegenden Berghänge spiegeln.

Vom Parkplatz (ca. 820 m) nehmen wir den Fußweg etwas unterhalb der Fahrstraße zurück in der Anfahrtsrichtung bis zu den ersten Häusern von **Bad Faulenbach**. Dort gehen wir rechts über einen Bach und gleich danach links den Schwarzenweg („Lechfall") auf Teer weiter. Wir folgen nun stets den Wegweisern zum **Lechfall** leicht bergab (ca. 800 m). Es ist ein beeindruckendes Schauspiel von einer Brücke, wie der noch unverbaute Fluss mit tosendem Geräusch in eine enge Schlucht stürzt. Wir gehen wieder ein paar Meter zurück und nehmen links den Weg Nr. 73 („Ländenweg"), der sehr schattig auf halber Höhe über dem Fluss entlang führt, jedoch nur selten Blicke auf den tiefgrünen Lech erlaubt. Eben bzw. leicht aufwärts erreichen wir nach 20 Minuten die Landesgrenze.

In Österreich setzen wir unseren Weg wie bisher fort, um zum **Ländenhof** zu gelangen. Nun führt der Weg unter einer Schnellstraße hindurch und auf Teer weiter in einer großen Ebene, wobei sich schöne Blicke auf die umliegenden Berge ergeben. An einer scheußlichen Fabrik vorbei erreichen wir eine **Kreuzung** (816 m). Hier gehen wir rechts (Tafel „Alatsee") auf einem Teersträßchen weiter, bis erneut rechts unser Fußweg Richtung Alatsee abzweigt. Er steigt bald im Wald in Kehren kräftig an zur **Vilser Scharte** (ca. 875 m), wo wir erneut die Grenze passieren. Nur wenige

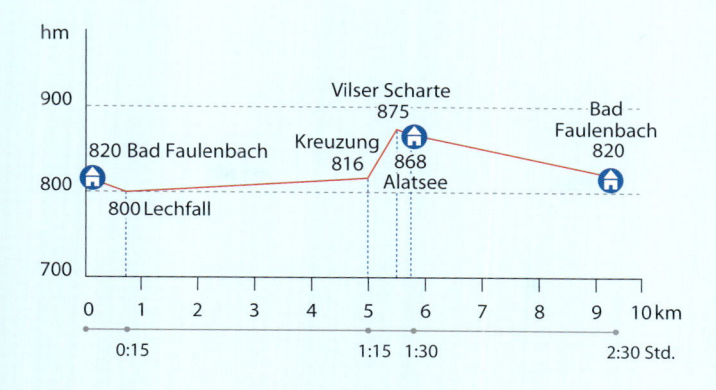

```
hm
900 ─────────── Vilser Scharte ───────────── Bad ──
                    875                      Faulenbach
    820 Bad Faulenbach  Kreuzung  🏠          820
800 🏠                    816   868 🏠
       800 Lechfall           Alatsee

700

    0    1    2    3    4    5    6    7    8    9   10 km
        0:15                1:15 1:30              2:30 Std.
```

Meter hinab haben wir es nun bis zum **Alatsee** (868 m), der mit seinem klaren Wasser malerisch in einem waldigen Kessel liegt. Wir wandern rechts gemütlich am Ufer entlang. Am Ende des Sees – ein paar Meter links abseits liegt das Hotel Alatsee – bleiben wir auf der rechten Seite des **Faulenbaches** (das heißt, wir halten uns an Abzweigungen rechts), wobei unser Weg im Wald ein hügeliges Profil aufweist. Nur zweimal wird der Bach kurz nacheinander überschritten, dann gehen wir am südlichen Ufer von drei einladenden Badeseen zurück zum Parkplatz.

Zwischen Alatsee und Parkplatz existiert auch ein Teersträßchen auf der anderen Talseite, über das ein Fahrverbot verhängt wurde.

Am ruhigen Alatsee.

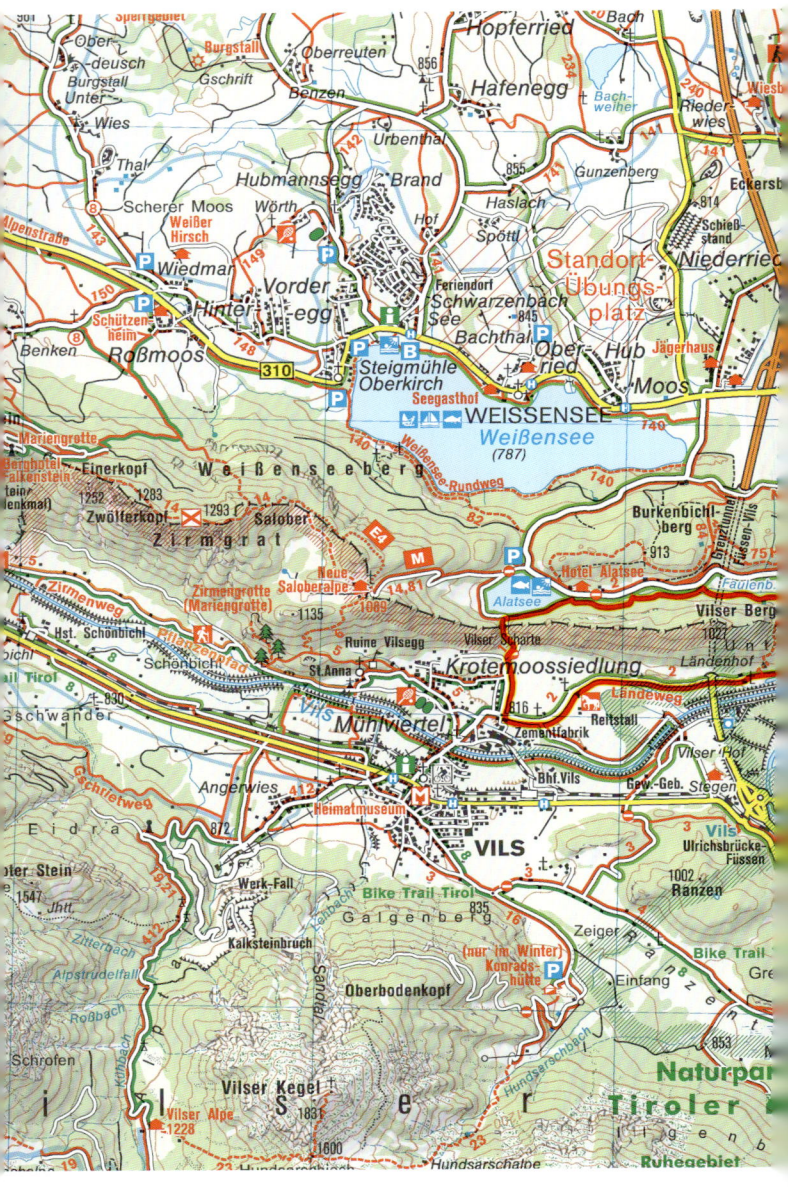

Neuschwanstein, Linderhof | 17. Lechfall und Alatsee

Auf der schönen Buche
ESCHACH
821
837
Ehrwang
Hopfensee-Rundweg
Eschacher-Weg
Bootshafen SCFF
Achmühle
Musiktheater Füssen
Segelboots-hafen
Füssener Achen
Mülldeponie
Segelflugplatz
Moosanger
310
16
Wasenmoos
Feldkirche
Bootshafen
Sommer
Hinterer-
831
Vorderer-
Galgenbichl
Königliche Kristalltherme
Füssen
139
Ostallgäuer Wanderweg
Promenade
Horn
Café West
Froschensee-Anger
FÜSSEN
17
Hohes Schloss
Neuer Kobelweg
Unt.-Kobelweg
Eisstadion
Hohes Schloss
Staatsgalerie
Pescatore
Hahnenkopfweg
Oberer-
900
E4
START
Bad Faulenbach
Erlisholz
Kalvarienberg
996
Kienberg
Mittersee
Obersee
Schwärzerweg
Ländeweg
Lechfall
953
Hutlersberg
Drei-Schlösser-Weg 12a
Königssträßchen
Ländenscharte
Walderlebniszentrum Ziegelwies
Ziegelwies
Königssträßchen
Schwanseepark
Ländeweg
807
Weißhaus
Alpenrosenweg
Schwansee
Bergwald-Pfad
Schotterwerk
E.-Werk
Rotwand
Schwarzenberg
Fürstenstraße
Kratzerw.
807
Kratzer
1102
1200
Marien-Monument
Alpsee
Stiglberg
Ruine Burg Loch (Höhlenruine)
Alpseebad
Ulrichs-brücke
Fürstenweg
Schwangauer Gatter
878
Schluxen
823
1123
Kitzberg
Höllental-schrofen
Unterpinswang
Alpseeblick
Pinswang
Marienbuche
179
Kropbergtal
Schönblick
Platte
Judenbichl
860
1108
Lech
912
Musau
Säuling
Hst. Musau
Hofstatt
Oberpinswang
Dürrental
Säuling
Adlergschwend
Sisi-Straße
Auenbach
Kniepass-Sternenschanze
Kniepass
(ehem. Festung)
Saba
Lechschanze
1029

18. Zirmgrat und Weißensee
Eine aussichtsreiche Kamm und Seenwanderung

Ausgangspunkt: Auf der B 310 Füssen–Pfronten fahren wir westlich des Weißensees in die Ortschaft Roßmoos (auch Bushaltestelle) südlich der Bundesstraße und parken am Schützenheim | **Charakter:** Die mittelschwere Bergtour verläuft auf gut markierten Wegen. Die Kammstrecke ist ein schmaler Pfad mit einer etwas ausgesetzten Stelle (Seil und Geländer): Trittsicherheit und etwas Schwindelfreiheit sind daher erforderlich **Einkehr:** Salober-Alm (unterwegs) und Schützenheim in Roßmoos | **Karte:** KOMPASS Nr. 4

Mittel   8,5 km   506 hm / 506 hm   3:45 Std.

Die aussichtsreiche Strecke am Zirmgrat bietet eine wilde Felslandschaft und herrliche Blicke auf die Alpen sowie die malerischen Seen des Ostallgäus; zwei von ihnen sorgen unterwegs mit ihrem klaren Wasser an heißen Tagen für eine willkommene Erfrischung.

Vom Parkplatz (896 m) gehen wir auf dem Anfahrtsweg zurück nach **Roßmoos** und hier links (Tafel „Falkenstein") auf einem Teerweg über Wiesen (später nochmals links). Nach dem Ende des Teerbelages schließt sich ein Ziehweg über Weiden (die Gatter bitte wieder schließen!) leicht bergauf in einen dichten Wald an. Dort führt der Weg links (ca. 990 m, Tafel „Falkenstein") kräftig aufwärts zur nächsten **Abzweigung**. Erneut links, erreichen wir schon nach 5 Minuten. das **Teersträßchen** zum Falkenstein (ca. 1120 m). Dort gehen wir leicht links weiter sanft aufwärts, bis weitere 5 Minuten später wieder links an einem Sattel ein Fußweg abzweigt. Der schmale Pfad steigt im Wald kräftig bergan zu einem ersten Sattel im Grenzkamm mit einem wunderbaren Alpenblick nach Süden. Nochmals hinauf zu einer zweiten Scharte verläuft er nun als fast ebener Höhenweg mit einer phantastischen Aussicht über den **Zwölferkopf** (1283 m) zum Gipfel des **Zirmgrates** (1293 m). Danach geht es im Wald kräftig bergab bis zur Einmündung eines Alternativanstieges. Wir gehen jetzt geradeaus im Wald auf einem teilweise sehr bröseligen Weg (Achtung Rutschgefahr!) weiter steil hinab – nur unterbrochen von einem Gegenanstieg – zu einem Sattel. Kurz davor ergibt sich ein sehr schöner Seenblick. An der Scharte halten wir uns links (Tafel „Vierseenblick"),

Höhenprofil

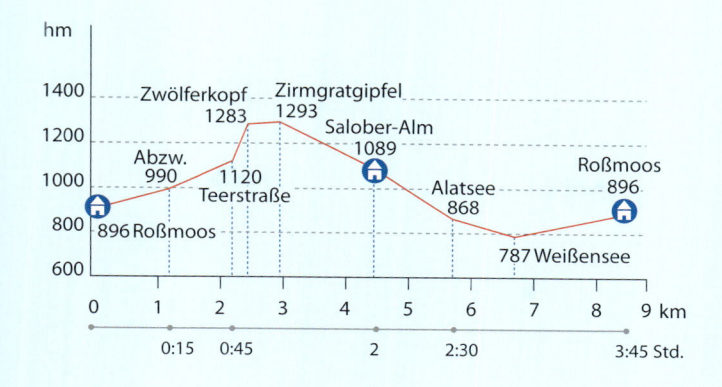

hm									
1400		Zwölferkopf	Zirmgratgipfel 1293						
1200		1283	Salober-Alm 1089						
1000	Abzw. 990	1120 Teerstraße		Alatsee 868		Roßmoos 896			
800	896 Roßmoos				787 Weißensee				
600									
km	0	1	2	3	4	5	6	7	8	9
Std.		0:15	0:45		2		2:30			3:45

meistern einen kurzen Gegenanstieg und haben auf dem schmalen, etwas ausgesetzten Weg mit Seil und Geländersicherung einen wunderbaren Tiefblick auf vier malerische Voralpenseen des Ostallgäus. Dann steigen wir hinab zu einem Sattel im Grenzkamm mit der **Salober-Alm** (1089 m), die schon in Österreich liegt.

Auf deutschem Gebiet nehmen wir links den schottrigen Fahrweg, der mit Blick auf die Zugspitze steil hinab bis zum **Alatsee** führt (868 m). Dort folgen wir links dem ebenen Fahrweg im Wald und beim Parkplatz am Ende des Sees erneut links einer Teerstraße kurz hinauf zu einem Sattel. Bald danach kommen wir etwas bergab zu einer Gabelung. Hier gehen wir links auf einem Naturweg mit vielen Wurzeln und Steinen im Wald hinab zum **Weißensee** (787 m) und folgen dort links dem interessant angelegten Uferweg, bis wir vor **Oberkirch** links den Weg hinauf zur B 310 nehmen. Erneut links wandern wir nun auf einem geteerten Rad und Fußweg mit Blick auf Berge und Seen in leichtem Anstieg an der Bundesstraße entlang zurück zum Parkplatz in **Roßmoos**.

Blick vom Zirmgrat auf den Aggenstein.

Neuschwanstein, Linderhof | 18. Zirmgrat und Weißensee

Lehern
Käsealp
Hinterberg
Reinertshof
AB-Tunnel Reinertshof
Hopfensee
Haus Hopfensee
Camping Hopfensee
Hotel
Rohrmoos
Unterreuten
860
Wiedemen
Buchen
Bach
Dornach
Hopferried
Oberreuten
856
Benzen
Hafenegg
Bach-weiher
Rieder-wies
Wiesbauer
Hopfensee-Rundweg
Ach
Urbenthal
Brand
855
Gunzenberg
Eckersbichl
Füssener Achen
Haslach
Hof
Spöttl
814
Schieß-stand
Niederried
Standort-Übungs-platz
Wasenmoos
Feriendorf Schwarzenbach See
845
Bachthal
Ober-ried
Hub
Jägerhaus
Füssen
139
Ostallg. Wande
Steigmühle Oberkirch
Seegasthof
Moos
Café West
WEISSENSEE
Weißensee
(787)
Froschensee-Anger
Weißensee-Rundweg
Neuer Kobelweg
Unt. Kobelweg
Oberer-
Burkenbichl-berg
913
Grenztunnel Füssen-Vils
Hahnenkopfweg
E4
900
Neue Salober-Alm
1089
1135
Hotel Alatsee
Alatsee
Faulenb.
Mitter-see
Obersee
Vilser Berg
Ländenscharte
Ruine Vilsegg
Vilser Scharte
1027
Unterberg
Ländenhof
Lech
St. Anna
Krotemoossiedlung
Ländeweg
816
Reitstall
Vils
Mühlviertel
Zementfabrik
Schotterwerk
E.-Werk
Vilser Hof
807
Kratzer
Bhf. Vils
Gew.-Geb. Stegen
Heimatmuseum
Stiglberg
Ruine Burg Loch (Höhlenruine)
VILS
Ulrichsbrücke-Füssen
Ulrichs-brücke
Schluxen
1002
Ranzen
Bike Trail Tirol
835
Galgenberg
Unterpinswang
Zeiger
(nur im Winter) Konrads-hütte
Einfang
Greng
179
Judenbichl

19. Am Gipfel des Falkensteins
Ein unverwirklichter Traum Ludwigs II.

Ausgangspunkt: Von Pfronten fahren wir auf der B 309 Richtung Österreich und parken nach der Bergbahn links im Zirmerweg jenseits der Bahnlinie (Nähe Bahnhof) | **Charakter:** Die kleine Bergtour verläuft auf gut markierten, aber teils schmalen und rutschigen Pfaden; Trittsicherheit ist also ratsam **Einkehr:** Burghotel Falkenstein (nur für Gäste), Berghotel Schloßanger Alpe, Manzenstüble | **Karte:** KOMPASS Nr. 4

| Mittel | 4,25 km | 421 hm / 421 hm | 2:45 Std. | |

Schon Ludwig II. wusste mit seinem nie verwirklichten Burgenprojekt die einmalige Lage und Aussicht vom Falkenstein zu schätzen, die auch wir von der malerischen Burgruine genießen können.

Vom Parkplatz in **Pfronten** (847 m) aus überqueren wir die **Vils** und gehen zuerst links und dann rechts (Tafel „Falkenstein") auf einem Pfad meist im schattigen Wald bei einer mittleren Steigung bergauf. Nach ein paar steileren Passagen und etwa 30 Min. gehen wir geradeaus weiter (nicht zur Schlossanger Alm!) wie bisher. Im oberen Teil weitet sich bei weniger Vegetation die Aussicht zum Aggenstein. Nach weiteren 30 Min. erreichen wir die in den Fels gehauene **Mariengrotte**. Jetzt halten wir uns rechts (links steil zum Gipfel) und treffen mit herrlicher Sicht auf die Allgäuer Alpen in 5 Min. auf eine Teerstraße mit einem Aussichtspunkt. Von hier ergeben sich schöne Blicke auf die Allgäuer Alpen. Wir folgen der Straße links schattig und bequem aufwärts zum Burghotel **Falkenstein**. Schließlich erreichen wir auf einem steilen Fußweg mit Treppen den Gipfel (1268 m) mit der Ruine, der einen phantastischen Rundblick bietet. Wir wandern anschließend auf demselben Weg wieder bergab und biegen noch vor dem Gasthof links ab. Dann steigen wir auf einem steilen Pfad mit vielen Kehren im Wald hinab (Vorsicht, die Felsen sind bei Nässe sehr rutschig!). Zuletzt kommen wir bequem zum Berghotel **Schloßanger Alpe** (1130 m) mit einem schönen Blick auf den Aggenstein.

Hier gehen wir auf einer Fahrstraße links an der Alm vorbei über eine Wiese bis zum Waldrand. An dieser Stelle zweigen wir rechts ab (Tafel „Manzengrat") und steigen einige Minuten im Wald bergauf. Dann geht es eben weiter, schließlich führt der Pfad auf wei-

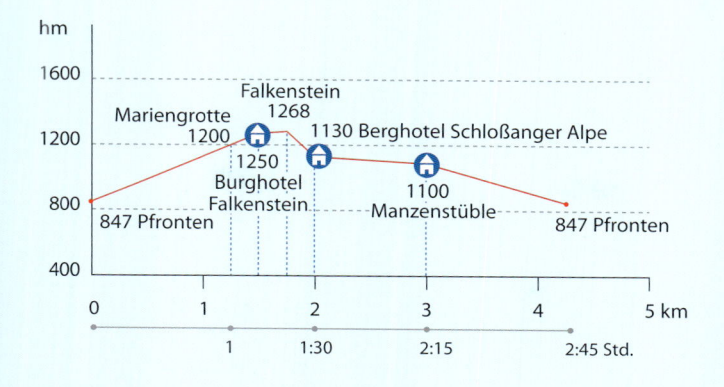

```
hm
1600
          Falkenstein
           1268
     Mariengrotte
        1200        1130 Berghotel Schloßanger Alpe
1200
          1250
          Burghotel      1100
 800      Falkenstein    Manzenstüble
     847 Pfronten                        847 Pfronten
 400
     0      1      2      3      4      5 km
            1    1:30   2:15        2:45 Std.
```

chem Waldboden steil bergab. Im unteren Teil werden die Bäume weniger, dafür wird aber die Sicht besser. Zum Schluss steil und steinig erreichen wir eine Abzweigung, an der wir links in einigen Minuten zum **Manzenstüble** (ca. 1100 m) kommen.

Hier erneut links folgen wir einer Teerstraße mit starkem Gefälle abwärts zu einer Kreuzung. Nochmals links und vor einem Bach ebenfalls nehmen wir einen schattigen Fußweg (Tafel „Falkenstein") stets am linken Ufer entlang (dabei nicht bergauf abzweigen!) bis zur ganz oben erwähnten Brücke. Hier überqueren wir den Bach nach rechts, um den auf der anderen Seite liegenden Parkplatz zu erreichen.

Pfronten-Steinach am Fuße des Falkensteins.

Neuschwanstein, Linderhof | 19. Am Gipfel des Falkensteins

Bären
Unterdolden
Rohrmoos
Unterreuten
Käsealp
Lehern
Hinterberg
Reinerts
Wiedemen
860
821
930
Holz
242
143
237
142
157
Schrofeneck
961
Kohlbichl
908
Sperrgebiet
Burgstall
Ober-
-deusch
Burgstall
Unter
Gschrift
Oberreuten
Benzen
856
Buchen
Bach
Hopferried
Hafenegg
240
234
Bach-
weiher
Wies
Egelesee
Thal
Urbenthal
855
Gunzenberg
141
Hubmannsegg
Brand
Haslach
Deutsche Alpenstraße
Scherer Moos
Wörth
Weißer
Hirsch
Hof
Spöttl
Standort-
Übungs-
platz
Wiedmar
149
143
Vorder
Hinter-
-egg
Feriendorf
Schwarzenbach
See
845
Schützen-
heim
150
Benken
Roßmoos
148
310
Bachthal
Ober-
ried
Hub
Steigmühle
Oberkirch
Seegasthof
WEISSENSEE
Weißensee
(787)
Falkenstein
Mariengrotte
1268
Burghotel
Falkenstein
Einerkopf
Weißenseeberg
Weißensee-Rundweg
140
Ruine
Falkenstein
(Kulturdenkmal)
1252
1283
Zwölferkopf
1293
Salober
Zirmgrat
Burker
913
E4
M
Zirmenweg
Zirmengrotte
(Mariengrotte)
Neue
Saloberalpe
1089
14,81
Hotel Alatsee
Alatsee
1135
Hst. Schönbichl
Pflanzenpfad
Ruine Vilsegg
Vilser Scharte
Schönbichl
Bike Trail Tirol
St.Anna
Krotemoossiedlung
Scharpaweg
Gschwander
830
Vils
Mühlviertel
816
Zementfabrik
Reitstall
Angerwies
412
Bhf.Vils
Gschrietweg
Heimatmuseum
Im Eidra
872
VILS
Roter Stein
1547
Jhtt.
Werk-Fall
Bike Trail Tirol
835
Galgenberg
Zitterbach
Kalksteinbruch
Zeiger
Alpstrudelfall
(nur im Winter)
Konrads-
hütte
Einfang
Oberbodenkopf
Sandlal
Roßbach

Index

	Seite		Seite
Alatsee	85, 89	**M**anzenstüble	
Alpsee	74	Marienbrücke	
		Mariengrotte	
Bäcken-Alm/Bäckenalmsattel	46	Mariensäule	
Bad Faulenbach	84		
Brunnenkopfhäuser, -hütte	36	**N**euschwanstein	11, 70, 7'
Buchenberg	58		
Buching	59	**O**berammergau	11, 28
Drachenköpfle	80	**P**echkopf	62
Drehhütte	62	Pfronten	12, 92
Dreisäuler Kopf	36	Pindarplatz	77
		Pöllatschlucht	70
Falkenstein	92	Pürschling/-häuser	24
Füssen	10		
		Roggentalgabel	50
Geiselstein	66	Rohrkopfhütte	71
Geiselsteinjoch	67	Roßmoos	88
Grübelshütte	55	Ruine Eisenberg	81
Gumpenkar	66	Ruine Hohen-Freyberg	81
Halblech	66	**S**ägertal	46
Halblechtal	59	Salober-Alm	89
Hasental	46	Scheinbergspitze	42
Hennenkopf	37	Schleifmühlenklamm	21, 24
Hochrieskopf	54	Schloßanger Alpe	92
Hochschergen	17	Schlossbergalm	80
Hohenschwangau	10, 74, 76	Schwansee	74
		Seeg	12
Kenzenhütte/-kopf/-sattel	66	Sonnenberg	33
Kenzenwasserfall	66	Steckenberg	20
Klammspitzgrat	36	Steingaden	12
Kloster Ettal	38		
Kofel	28	**T**egelberg/-haus	71
Kolbenalm	29, 33	Teufelstättkopf	25
Kolbensattelhütte	32		
Königssteig	28	**U**nterammergau	12
Krähe	50	Unternogg	16
Küh-Alm	25		
		Vils	92
Ländenhof	84	Vilser Scharte	84
Lechbruck	10	Vorderes Mühlberger Älpele	62
Lechfall	84		
Leiterau	58	**W**ankerfeck	67
Linder	46	Weißensee	89
Linderhof	11, 36, 39		
Lobental	59	**Z**irmgrat	88
Lösertaljoch	47	Zwölferkopf	88